Joëlle Dutillet

nos **animaux familiers** ont-ils une **âme** ?

Enquête sur des témoignages troublants…

Jocelyn à son chien Fido

(…)
Non ! Quand ce sentiment s'éteindra dans tes yeux,
Il se ranimera dans je ne sais quels cieux !

Alphonse de Lamartine

À tous mes chats, partis pour
« je ne sais quels cieux ».
En espérant les revoir un jour.

maquette : Séverine Joaquim

ISBN : 978-2-36188-003-3

www.editions-tredaniel.com
info@guytredaniel.fr

Joëlle Dutillet

nos **animaux familiers** ont-ils une **âme** ?

Enquête sur des témoignages troublants…

Éditions Exergue
29, rue de Condé - 75006 Paris

CHAPITRE 1 09

LA MORT D'UNE BÊTE

- Ce n'est qu'un animal ! 13
- Témoignages de
  Jean-Pierre Hutin 15
  Madeleine Chapsal 23
  Fernand Méry 31
  Émile Zola 35
  Michel Drucker 38
  Bernardette Chirac 45
  REHA Hutin 49
- Est-ce qu'il survit quelque part ? 55

CHAPITRE 2 67

OUI OU NON ONT-ILS UNE ÂME ?!

- Point de vue des curés (pour et contre) 70
- Le cimetière des animaux d'Asnières 97
- Les humains ont-ils une âme ? 103

CHAPITRE 3 109

LES ANIMAUX DE L'AU-DELÀ

- Témoignages divers 110
- Témoignage d'un vétérinaire 115

- Apparitions d'animaux familiers dans les N.D.E. 131
- Nos animaux familiers se réincarnent-ils ? 149
- Les animaux décédés communiquent par Tci 156

CHAPITRE 4 165
NOS ANIMAUX FAMILIERS ET L'INVISIBLE
- Témoignage de Philippe Ragueneau 166
- Témoignage d'Ernest Bozzano 170
- Témoignage personnel 178
- Expérience de Robert Morris 183
- Témoignage de Colette 184

CHAPITRE 5 191
QUE FAUT-IL EN PENSER ?
- Les fiches d'Ernest Bozzano 192
- La Tci 192
- Les N.D.E. 193

CONCLUSION 198
REMERCIEMENTS 204
BIBLIOGRAPHIE 206

CHAPITRE 1

LA MORT D'UNE BÊTE

« Nos compagnons familiers, ces "machines à aimer", sont consumés par l'intensité de l'amour qu'ils nous donnent. La force de leurs sentiments, de leur passion ne pourrait s'accorder avec une existence plus longue. »

Jean-Pierre Hutin

Les larmes m'aveuglent. Je ne peux plus conduire. À côté de mon siège, il y a le panier vide de mon chat. J'ai laissé Fripon chez le vétérinaire. Il gît sur une table, les yeux vitreux et la langue pendante. Après l'euthanasie, j'ai posé au vétérinaire des questions idiotes :

- Mais... il a les yeux ouverts ?

Mais... il est encore chaud ?

Je n'arrivais pas à croire à sa mort. Doucement, le praticien a fermé les yeux de mon chat et m'a expliqué qu'il se refroidirait petit à petit.

J'ai dit en pleurant :

- C'était un bon chat !

- Bien sûr que c'était un bon chat, a répondu patiemment le vétérinaire qui en avait vu pleurer bien d'autres...

Fripon a vécu 20 ans (près de 100 ans en âge humain).

Si, intellectuellement, je savais qu'il était mort, une partie de moi semblait ne pas le comprendre et continuait, imperturbable, d'agir comme s'il était vivant. C'est pourquoi, lorsque je suis rentrée avec le panier vide, j'ai ouvert la porte, comme d'habitude, avec précaution pour qu'il ne s'enfuie pas sur le palier. Et puis... je me suis rappelé qu'il était mort.

Ensuite j'ai tourné la tête vers le divan où il dormait habituellement. Et puis… je me suis rappelé qu'il était mort. Le soir, j'ai posé ma tête à droite du lit, pour lui laisser sa place habituelle à ma gauche, et pour la dernière fois de la journée, je me suis RAPPELÉ QU'IL ÉTAIT MORT !

À force de me heurter à cette absence répétée, il a fallu me rendre à l'évidence : je devais abandonner 20 ans de rituels. 20 ans de caresses, 20 ans pendant lesquels je l'avais brossé, nourri, soigné. 20 ans à dormir avec lui, son nez humide contre ma joue. Sa fourrure chaude et vibrante me manquait au creux des mains. Car ce n'est pas seulement moralement que l'on ressent la perte d'un animal, c'est aussi physiquement.

Les gens qui ont perdu une bête savent ce que c'est que de retrouver un appartement vide de sa présence. On peut mettre des jours avant de ranger son plat, sa balle ou sa laisse. Quant à l'enterrer dans son esprit, cela peut demander des années ! Une partie de soi-même, la plus primitive, s'obstine à nier la mort.

Une de mes amies m'a confié :
- J'ai perdu mon chien, il y a 10 ans. Avec ma fille, nous avons retrouvé des photos de lui. Nous avons pleuré toutes les deux !

10 ans après, cette amie n'avait pas encore fait le deuil de son chien. Elle m'a aussi fait une confidence :
- Mon chien et mon oncle sont morts le même jour, je n'ai jamais osé avouer que j'ai autant souffert pour mon chien que pour mon oncle.

Cette confidence n'a rien d'exceptionnel. Mis en confiance, sachant que je ne les jugeais pas, puisque j'étais passée par là, les maîtres se sont livrés.
À la mort de leur animal familier, ils vivent deux étapes :
- D'abord, une grande souffrance, aggravée par le fait qu'elle est vécue honteusement, en se cachant, de peur de s'entendre dire : mais enfin ce n'est qu'un animal !
- Puis, une inquiétude métaphysique : est-ce qu'il survit quelque part ? Est-ce que la mort est la fin de tout ?

CE N'EST QU'UN ANIMAL !

Les gens qui n'ont pas d'animaux font parfois de la psychanalyse sauvage. Ils nous expliquent, sans rire :

- Tu as un animal parce que tu n'as pas d'enfant, pour toi c'est un substitut d'enfant…

Bien. Alors je voudrais qu'on m'explique pourquoi lorsqu'ils nous voient pleurer, à sa mort, ils s'exclament :

- Mais enfin, ce n'est pas comme si c'était un être humain, ce n'est qu'un animal ! Il faudrait savoir…

Je vois tous les jours la différence entre les gens qui ont des animaux et ceux qui n'en ont pas : je dis que je prépare un livre sur la survie animale.

Les premiers me disent :
« c'est passionnant, le livre sort quand ? » ; les autres… rigolent.

J'ai raconté la mort de Fripon à l'un de mes voisins. Comme il n'avait pas d'animal, je m'attendais à un commentaire ironique. Mais non.

Il m'a raconté :

- J'avais un ami, un vrai baroudeur. Il n'exprimait jamais ses émotions. Je ne l'ai jamais vu pleurer. Et voilà qu'un jour,

il m'appelle en sanglotant ! Il venait de perdre son cocker !
Et mon voisin scandait :
« il san-glo-tait ! », stupéfié qu'un « dur de dur » puisse pleurer pour un cocker ! Du coup, j'ai eu l'impression, qu'à ses yeux, je n'étais pas si ridicule en pleurant mon chat. Avec son copain, il avait connu pire…
Si l'on peut dire…
Je me souviens d'une conversation surprise dans le métro. Une mère et sa fille critiquaient leur tante qui avait, selon elles, un comportement anormal. Elles ne disaient pas ce qu'elle avait fait, mais ça avait l'air grave. Soudain, j'entendis :
- Qu'est-ce que tu veux, elle n'est pas comme nous, ça ne nous viendrait pas à l'idée de pleurer pour un chien !

Je compris que cette malheureuse tante passait pour une « timbrée » aux yeux de sa famille parce qu'elle pleurait la mort d'un chien. Comment, après cela, s'étonner que les gens cachent leur chagrin ? Un cadre supérieur m'a confié :
- La mort de mon chien m'a tellement secoué que j'ai pris une journée pour m'en remettre. Au bureau, je n'ai pas donné la vraie raison de

mon absence. Dans mon entreprise, où des « chasseurs de têtes » recrutent des cadres « battants » et « pugnaces », osez donc dire que la mort d'un chien vous rend malade !

Ce cadre supérieur estimait qu'il aurait perdu de sa crédibilité, aux yeux de son employeur (et de ses collègues), en se montrant abattu par la mort d'un animal. Il n'y a pas que les adultes qui vivent mal le deuil de leur petit compagnon.

Il y a aussi les adolescents, comme le raconte ce maître :

- Lorsqu'un jeune perd son chien ou son chat, il n'en parle pas toujours à l'école parce qu'il a peur des moqueries de ses camarades. Il est triste et il s'isole.

TÉMOIGNAGE DE JEAN-PIERRE HUTIN

Je n'ai connu qu'une personne qui n'a pas eu peur de raconter son désespoir dans un livre*. Un homme qui a avoué avoir souffert d'une dépression et perdu plusieurs kilos à la mort de son chien. Seulement voilà, il s'appelait Jean-Pierre Hutin et son chien, Mabrouk, était célèbre dans toute la France !

Pour les besoins de ce livre, j'ai retrouvé la cassette de

**Mabrouk, chien d'une vie*, éd. Robert Laffont.

l'interview qu'il m'avait accordée. Je lui avais demandé à quoi il attribuait le succès extraordinaire de son livre. Il m'avait répondu :

- Il est certainement dû à la popularité de Mabrouk, mais aussi, au fait que mon histoire a aidé ceux qui ont subi la même épreuve que moi : la perte d'un animal. Mabrouk est mort en 48 heures ! La brutalité de cette disparition a été pour moi un choc dramatique. J'ai pleuré durant des jours. La mort d'un animal nous entraîne à pleurer sans retenue. Notre douleur est

simple et primaire, à l'image des liens que nous avons tissés avec lui. C'est pourquoi sa mort nous inspire un chagrin primaire, d'ordre physiologique plus que psychologique. Vous prenez un coup ! J'ai beaucoup maigri, j'ai fait une dépression, je n'avais plus goût à des tas de choses ! La vie d'un chien est courte. Lorsque nous en prenons un, nous savons que nous allons souffrir au moins une fois.

Au cours de cette interview, je lui avais parlé des gens qui souffraient de la mort d'une bête, autant que si c'était un être humain. Il m'avait répondu :

- Je n'ai pas à comparer la douleur de perdre un être humain avec celle de perdre un chien. Certains pourraient être choqués par le parallèle. Cependant, un chasseur ou un paysan aurait tué Mabrouk lors d'une querelle de voisinage, j'aurais eu l'impression que l'on tuait mon enfant et je me serais vengé ! Je l'ai écrit et je le dis !

En fait, dans son livre il allait plus loin, puisqu'il déclarait : « Je dois à l'honnêteté d'affirmer que si la tuerie s'était déroulée sous mes yeux, je n'aurais pas donné cher de la peau du tueur, quoi que cela eût pu m'en coûter ensuite. »

Il fallait s'appeler Jean-Pierre Hutin pour oser faire une déclaration pareille. Jean-Pierre est mort en juin 1996. Son décès m'a beaucoup attristée, il avait tant fait pour les bêtes. Son deuxième chien, Junior, est mort quelques mois après lui. La vie aura épargné à Jean-Pierre cette dernière épreuve :
revivre la mort d'un chien.
Son livre lui avait valu des milliers de lettres, venues de toute la France. Elles émanaient de gens de tous âges et de toutes conditions. Certains confiaient leur peine d'avoir perdu un animal ; d'autres vivaient dans l'angoisse qu'il meurt.
D'autres encore affirmaient qu'ils avaient tellement souffert qu'ils ne voulaient plus reprendre de bête pour ne pas avoir à revivre cette épreuve.

APRÈS LA MORT DE MABROUK, C'EST LA TENDRESSE RETROUVÉE AVEC JUNIOR.

Comment ne pas souffrir de la mort d'un animal qui a partagé toute notre vie ? Durant des années, il a pris ses repas en même temps que nous, il a dormi sur notre couette, il a joué ou fait du sport avec nous. Il a même regardé, parfois, la télévision auprès de nous ! Lorsqu'il disparaît, c'est tout notre quotidien qui est détruit ! Même si ce n'est pas un être humain, c'est quand même un membre de la famille que l'on perd !

Dans le chagrin qu'éprouvent les maîtres à la mort de leur bête, il entre parfois un peu de culpabilité. Je ne pense pas à ceux qui ont eu la « chance » de trouver leur animal mort dans son sommeil. Je pense à ceux qui ont été obligés de prendre la décision terrible de le faire euthanasier.
Il y a un jour où l'on se dit : « voilà, aujourd'hui, je le mets dans son panier pour la dernière fois et je l'emmène à la mort. »
La décision est si difficile à prendre que certains la repoussent au maximum.
L'euthanasie d'un animal arrive toujours trop tôt ou trop tard.

Soit on se demande si on n'a pas été criminel de tuer cette bête qui aurait pu vivre encore longtemps ; soit on se reproche d'avoir attendu trop tard et d'avoir prolongé sa souffrance. On ne sort jamais indemne d'avoir emmené un animal à la mort.

Fripon mangeait de moins en moins, il ne miaulait plus pour jouer. Il n'arrivait plus à sauter sur le canapé. Debout, ses pattes arrière s'écartaient comme s'il n'avait plus la force de se tenir.

Un soir que je l'observais, il m'a regardée droit dans les yeux en poussant un cri aigu. Un seul cri. Je me méfie des interprétations anthropomorphiques, mais ce soir-là, j'ai bien compris son appel de détresse. Je me suis dit « demain je l'emmène ».

Comme elle est éprouvante la dernière heure qui précède la visite chez le vétérinaire !

La gorge serrée, les mains glacées, j'attendais à côté de Fripon. J'ai décidé de lui faire un dernier plaisir en le brossant. Il tendait son cou en ronronnant comme s'il était encore heureux de vivre.

Il levait vers moi des yeux bleuis par la cataracte.

Je ne reconnaissais plus son regard. Je me suis dit « dans une

heure, il sera mort ». Je n'arrivais pas à y croire ! Il ronronnait encore quand je l'ai placé dans son panier. Je pleurais.
Je me sentais tellement coupable ! J'avais beau me dire que je faisais un acte d'amour en abrégeant ses souffrances, j'avais l'impression de commettre un forfait...
Après la mort de Fripon, j'ai été stupéfaite du nombre de gens que je rencontrais, par hasard, et qui venaient, eux aussi, d'affronter la mort d'une bête.
C'était l'électricien, venu poser une prise, qui sortait la photo de sa chienne, qu'il venait de faire piquer, en me disant :
- C'était mon bébé !
C'était la petite caissière du supermarché qui venait de perdre son berger allemand et qui avouait, l'air désolé :
- Je l'appelais mon petit prince...

C'était ma coiffeuse, qui avait perdu son chien et qui restait inconsolable :
- Avec ma fille, nous avons regardé des photos de lui, nous avons pleuré toutes les deux !

Tous ces gens évoquaient leur animal de compagnie avec une nostalgie poignante. Il y avait

toutefois deux réactions bien différentes.
Certains disaient :
- Je ne veux pas recommencer à souffrir à sa mort ! De toute façon, j'aurais l'impression de le trahir en en prenant un autre.

D'autres, au contraire, comme mon électricien, étaient impatients d'en reprendre un autre, se sentant incapables de vivre sans la compagnie d'un animal.

TÉMOIGNAGE DE MADELEINE CHAPSAL

C'était aussi l'attitude que recommandait Madeleine Chapsal à l'époque où je l'avais interviewée pour le magazine *30 Millions d'Amis*.
Je lui avais demandé :
- Dans un de vos livres*, vous parlez de la pire expérience à vivre : la mort de vos aimés et vous ajoutez : « j'y inclus le chien » (Mambo).
- La mort de mon chien Mambo a été une épreuve douloureuse. Je n'aime pas en parler.
Ça a été un choc épouvantable. Quand il était sur le point de mourir, je ne quittais plus la maison. À la fin, Il s'est redressé, il a poussé un cri et

*« Ce que m'a appris Françoise Dolto » Ed. Fayard.

s'est refugié dans mes bras. Il est mort, comme ça, dans mes bras... Certaines personnes culpabilisent devant l'intensité de la souffrance donnée par la perte d'un chat ou d'un chien. Ils n'osent pas avouer aux autres qu'ils en souffrent autant que de celle d'un être humain. Pourtant il y a des personnes âgées qui n'ont pas la force de réinvestir et qui peuvent en mourir. C'est une partie de soi-même que l'on perd lorsque l'on perd un animal. On se projette totalement en lui. Il est mêlé à tous nos actes journaliers. Je conseille aux gens d'en prendre tout de suite un autre, qui adoptera les mêmes habitudes. J'ai mis ce principe en application, au moment de la mort de Mambo. J'ai repris tout de suite une chienne.

Journaliste, écrivain, divorcée de Jean-Jacques Servan-Schreiber avec lequel elle vécut la grande aventure de *L'Express*, Madeleine s'est révélée dans *La Maison de jade**. Ce roman, dans lequel des milliers de femmes se sont reconnues, raconte la souffrance de l'héroïne

**La maison de jade*, éd. Grasset.

abandonnée par son amant. Je l'avais interrogée sur la curieuse dédicace de ce livre…

- *La Maison de jade* est dédiée ainsi à votre chien, Mambo : « À tous les fox-terriers qui se prennent pour des terre-neuve… »

Qu'a-t-il représenté pour vous ?

- Dans *La Maison de jade*, je l'ai appelé « Bonhomme ». Il appartenait à l'homme qui m'a quittée pour une femme plus jeune. Comme cette dernière ne voulait pas d'animal, il m'a laissé Mambo. C'est ce chien qui m'a aidée à survivre, à surmonter ma souffrance. Il ressemblait au fox-terrier noir et blanc popularisé par la publicité « La Voix de son Maître ».

- Votre amie, la psychanalyste Françoise Dolto, célèbre pour parler aux bébés, parlait-elle à Mambo ?

- Oui et il l'écoutait ! Elle s'adressait à lui comme elle s'adressait aux enfants. Elle lui disait qu'il avait été un chien abandonné, mais que maintenant il n'avait plus rien à craindre.

- Que s'est-il passé après la mort de Mambo ?

- Cela a été d'autant plus dur que Françoise Dolto est morte

dans le même temps. En deux mois, j'ai perdu les deux êtres qui m'avaient aidée à survivre au moment de l'abandon de cet homme. Après la mort de Mambo, j'ai cherché un chien noir et blanc, comme lui. J'ai appelé les S.P.A. qui m'ont toutes fait la même réponse : « Il n'y a pas de petits chiens noirs et blancs, dès que nous en avons, ils sont adoptés tout de suite ! » On m'a donné le nom d'une fermière dont la chienne avait une portée.
Il lui restait un chiot noir et blanc. J'ai refusé, c'était une femelle et ses poils étaient longs.
Elle avait pourtant le regard si expressif que je n'ai pas dormi de la nuit.
Le lendemain à 9 heures j'étais chez la fermière... La petite chienne m'a regardée comme si elle me disait : « tu m'as fait attendre une nuit de trop » ! Elle est montée dans ma voiture sans un regard à l'arrière. Je l'ai appelée « Lola ». Elle s'est emparée de mon divan et de ma personne, en moins de temps qu'il n'en faut pour le dire.
Je l'ai assistée quand elle a eu des petits. Comme je ne peux pas avoir d'enfants, je me suis fait le plaisir d'avoir des bébés

chiots par l'intermédiaire de Lola. Elle en a eu cinq dont Léon, que j'ai gardé. Lola et Léon sont des croisements « amour-hasard ».

Si l'écrivain apprécie les chiens, elle nourrit une véritable passion pour les chats :

- Ils ont été les plus grandes joies, mais aussi les plus grands chagrins de ma vie, car leur mort m'a mise dans des états épouvantables ! Jean-Jacques Servan-Schreiber et moi avions divorcé à l'amiable. Je ne pouvais pas avoir d'enfant : il devait suivre sa voie et moi la mienne. J'avais de bons rapports avec sa nouvelle femme, Sabine. C'est elle qui, très gentiment, m'a amené mon premier chat. C'était un magnifique siamois. J'ai eu pour lui une admiration sans borne. Je n'avais pas vraiment eu d'animaux avant lui. J'avais peur de ne pas savoir ce qu'il fallait faire. On ne m'avait pas appris à m'assumer seule. Je ne savais ni coudre, ni faire la cuisine. Ce chat m'a appris à manger à heure régulière et à choisir les bons endroits de la maison pour se reposer. Il est mort le même jour que Marilyn Monroe... Perdre à la fois son

mari et son chat, c'est dur.
Après la mort de son premier siamois, Madeleine traverse une série noire. Tous ses chats meurent de la leucose.

« En fait » explique l'écrivain, le virus résidait dans la moquette et je l'ignorais. Je n'avais pas le temps de m'attacher, ils mouraient les uns après les autres. Je garde un souvenir si doux de mes chats siamois que je ne veux pas les évoquer, car je suis capable de me remettre à pleurer ! La mort de mes chats ravivait le fait que je ne pouvais pas avoir d'enfant. Je me disais : Tu n'es même pas capable de faire vivre un chat ! Ça me culpabilisait énormément. »

En dépit de ces épisodes tragiques, Madeleine Chapsal reconnaît qu'elle doit aux chats, des instants merveilleux :
- Ma dernière siamoise m'a fait des chatons, ça a été un moment extraordinaire ! Elle s'appelait Michka. Elle était très intelligente. Un jour, ses petits se sont hasardés dans l'escalier, elle ne pouvait pas les arrêter. Elle est immédiatement venue me chercher pour que je les rattrape ! Au moment des repas, elle s'asseyait et les

regardait manger. Elle n'aurait jamais pris son repas avant ses chatons. Il y a de la grandeur là-dedans ! Dès que je m'allongeais, elle prenait ses petits dans sa gueule et venait les mettre contre ma nuque. Comme les chatons se blottissaient dans mon cou, leur mère devait penser qu'ils étaient en sécurité ! J'ai choisi soigneusement les gens auxquels j'ai donné ses petits. Mon dernier chat, Pacha, était un européen roux à poils longs. Je l'aimais beaucoup. Il a terminé sa vie auprès de mon père, il a été un formidable compagnon pour lui. À sa mort, l'animal a passé la journée sur son cercueil. Cela m'a infiniment touchée. C'est fou ce que les chats ont pu m'apporter !

Après cette interview, il s'est passé plusieurs années sans que j'aie de nouvelles de Madeleine Chapsal. J'avais su, par une connaissance commune, que Lola, la chienne de Madeleine, était morte. En écrivant ce livre, je me suis demandée si Léon, le fils de Lola, était toujours en vie. J'ai appelé Madeleine qui m'a annoncé que Léon était également mort d'un cancer,

à 14 ans comme sa mère.
Je lui ai donc demandé si elle avait pris un autre animal.
Elle m'a fait cette réponse inattendue :

- Non. Je n'ai pas repris d'animal.
J'ai repris un homme.
- ... ?
- Ça a l'air d'une blague, mais j'ai repris un homme. Il est arrivé dans le dernier mois où j'ai perdu mon chien Léon. Il m'a aidé à supporter sa mort. Le problème, c'est que je suis plus adaptée à la psychologie des chiens, dont je comprends le comportement, qu'à celle des hommes ! L'univers masculin, leur côté mâle, avec l'œil qui part sur le côté pour regarder une autre femme, m'échappe complètement... Je n'ai pas envie de remplacer Léon. Il est irremplaçable. Nous étions tellement proches ! Il me comprenait tellement ! Il est né dans mes mains, sur mon lit. C'est moi qui ai coupé le cordon ombilical. Il ne connaissait que sa mère et moi.
- Avez-vous subi ce que chaque maître appréhende : l'épreuve de l'ultime visite chez le vétérinaire ?
- Oui, je l'ai vécu avec Lola et Léon. Il faut leur faire un

dernier bisou et les emmener, sans espoir de retour, chez le vétérinaire. Mambo m'a épargné cela en mourant dans mes bras. Mes animaux ont été les plus grandes joies mais aussi les plus grands chagrins de ma vie, mais, grâce à eux, j'ai connu l'amour total ! Contrairement aux humains, une bête ne reprend jamais l'amour qu'elle vous donne ! Elle fait de son mieux pour vous prouver qu'elle vous aime.

Et Madeleine de conclure :
- C'est très rare qu'un chien dise à sa maîtresse : « Salut ! Je te quitte, j'en ai trouvé une plus jeune ! »

Cette boutade me rappelle celle d'Amanda Lear qui m'avait dit : « Mes animaux ne m'ont jamais déçue ! Ils peuvent me voir sans maquillage, ils ne me disent pas que j'ai vieilli ! »

TÉMOIGNAGE DE FERNAND MÉRY

Je regrette que l'on ne parle plus beaucoup du vétérinaire Fernand Méry. C'était un pionnier. Il a été le premier, bien avant Brigitte Bardot, à entreprendre des actions revendiquant les droits de l'animal. Scientifique et littéraire (les deux en même temps, c'est rare), il a écrit beaucoup d'histoire vraies et touchantes sur les bêtes qu'il a soignées. Je n'ai pas eu le plaisir de le connaître, mais j'ai connu sa veuve, Régine Méry. Elle m'a expliqué qu'à plusieurs reprises les animaux ont sauvé la vie de son mari. Lorsqu'il était jeune, une jument l'a sauvé de la noyade. Plus tard le couple a échappé au pire grâce au dévouement que le Docteur Méry avait pour les bêtes. Elle m'a expliqué comment :

- C'était au moment de l'occupation allemande. Nous étions invités par un confrère de mon mari à une soirée. Au moment de partir, un homme est arrivé, affolé. Dans ses bras, il tenait une chienne qui était pleine. Les petits se présentaient mal, la chienne allait mourir. Mon mari n'a pas hésité ! Il a enlevé sa veste et annulé notre soirée. Bien lui en a pris !

Le lendemain, nous avons appris que la Gestapo avait arrêté tous les amis qui nous attendaient ce soir-là. En fait, ils faisaient partie de la Résistance et ils voulaient nous proposer de les rejoindre. Nous n'avons plus jamais eu de leurs nouvelles...

"UNE BÊTE NE REPREND JAMAIS L'AMOUR QU'ELLE VOUS DONNE."

Madeleine Chapsal

Avec Régine Méry, j'ai abordé la question du deuil de l'animal. C'est elle qui m'a raconté cette histoire tragique : leur couple connaissait une femme qui était la fille d'un militaire. Cette femme, qui vivait seule, avait recueilli une petite chatte abandonnée dans la forêt.
Elle s'en s'occupait, la soignait, jouait avec elle, bref, l'entourait d'affection. Et puis, la chatte est morte…
La femme s'est suicidée.
On a retrouvé sur son bureau un simple mot : « mission accomplie »…

Bien sûr, je pense que cette femme était malade. Malade de solitude. En fille de militaire, elle avait considéré que son devoir était de recueillir la chatte et de s'en occuper. Elle avait été jusqu'au bout de ce qu'elle considérait comme sa mission. Une fois la chatte morte, elle n'avait plus rien pour la retenir en vie. Lorsque je travaillais pour le magazine *30 Millions d'Amis*, j'ai rencontré beaucoup de personnes âgées qui avaient un animal. Certaines m'ont avoué que c'était cet animal qui les aidait à vivre. Il les forçait à sortir, à lui acheter à manger, à avoir un but. Elles me faisaient comprendre à demi-mot que, sans lui, elles se seraient laissées mourir. Je les quittais, le cœur serré, en souhaitant que leur petit compagnon vive le plus longtemps possible.

TÉMOIGNAGE DE ÉMILE ZOLA

Parmi les gens célèbres qui ont souffert de la mort d'un animal, il y a Émile Zola. L'auteur avait un loulou noir, Hector Pinpin Ier de Coq Hardi. Ce chien avait pour son maître un amour possessif et jaloux. Il était prêt à mordre tous ceux qui l'approchaient. Au moment de l'affaire Dreyfus, Zola s'exila en Angleterre. Pinpin, qui n'était pas du voyage, le chercha partout. Puis, comprenant qu'il ne verrait plus son maître, il se laissa mourir de désespoir. L'écrivain ne s'en remit jamais. Dans une lettre, il confie sa peine à une lectrice :

« ... je veux vous dire qu'une des heures les plus cruelles, au milieu des heures abominables que je viens de passer, a été celle où j'ai appris la mort brusque, loin de moi, du petit compagnon fidèle, qui pendant neuf ans ne m'avait jamais quitté.

Le soir où je dus partir pour l'exil, je ne rentrai pas chez moi et je ne puis même me souvenir si, le matin, en sortant, j'avais pris

mon petit chien dans les bras pour le baiser comme à l'habitude. Lui ai-je dit adieu ? Cela n'est pas certain. J'en avais gardé la tristesse. Ma femme m'écrivait qu'il me cherchait partout, qu'il perdait de sa joie, qu'il la suivait pas à pas, d'un air de détresse infinie.
Et il est mort, en coup de foudre. Il m'a semblé que mon départ l'avait tué. J'en ai pleuré comme un enfant, j'en suis resté frissonnant d'angoisse, à ce point qu'il m'est impossible encore de songer à lui sans être ému. Quand je suis revenu, tout un coin de la maison m'a paru vide. Et, de mes sacrifices, la mort de mon chien en mon absence m'a paru le plus dur. Ces choses sont ridicules, je le sais, et, si je vous conte cette histoire Mademoiselle, c'est que je suis sûr de trouver en vous une âme tendre qui ne rira pas trop. »
Certains passages de cette lettre* ont attiré mon attention. D'abord, la peur d'être ridicule en pleurant la mort d'un chien. On a vu, dans les pages précédentes, que cette peur ressentie par Émile Zola existe toujours chez nos contemporains…
Un passage est, pour moi, encore plus significatif.

*Lettre à une rédactrice de « L'ami des bêtes ».

Zola dit que parmi les heures abominables qu'il a vécues, il y en a une qu'il a ressentie comme étant l'une des plus cruelles. Quelle est-elle ? Est-ce le fait d'avoir été traîné dans la boue par des articles ou des caricatures au moment de l'affaire Dreyfus ? Est-ce le fait d'être exilé loin des siens ? Non ! Une des heures les plus cruelles d'Émile Zola a été celle où il a appris la mort de son chien ! En le forçant à l'exil, l'affaire Dreyfus lui a infligé beaucoup d'épreuves, mais la plus cruelle, il l'écrit en toutes lettres, c'est d'avoir sacrifié son chien, en l'abandonnant en France.

La mort d'un animal n'est pas aussi négligeable qu'on voudrait nous le faire croire… L'amour d'un être humain pour un autre est souvent ambivalent. Il peut être entaché de rancœurs ou d'agressivité. On peut aimer quelqu'un tout en lui reprochant de ne pas nous comprendre, ou de nous avoir fait souffrir ; l'amour qu'on éprouve pour un animal existe à l'état pur. On ne peut pas lui reprocher des choses graves comme à un humain. Ce qui fait qu'on laisse s'épanouir un amour inconditionnel, presque absolu. Il est normal qu'à sa mort la douleur soit absolue, elle aussi.

TÉMOIGNAGE DE MICHEL DRUCKER

Michel Drucker, lui aussi, a connu cette épreuve. C'est en lisant un journal que j'ai appris la mort de sa chienne, Olga. C'était la petite chienne noire et blanche, qui, sagement assise à côté de son maître, assistait à l'émission « Vivement dimanche » . Elle était devenue la mascotte de cette émission. Au cours de l'année 2000, j'avais interviewé Michel Drucker et Dany Saval. Cette dernière m'avait expliqué comment Olga était entrée dans leur vie :

- J'ai une petite association de protection animale : « Liza ».

Ce terme est la contraction de deux noms de chiennes qui nous appartenaient : Lili et Zaza. Quatre chiots, croisés setter anglais et dalmatiens, étaient à adopter. Ils sont tous partis, sauf Olga qui était très craintive. Elle avait deux mois. Lorsque Michel l'a vue, il m'a dit : « Qu'elle est mignonne ! » Je l'ai découragé. Je lui ai dit qu'un croisé setter, ce n'était pas raisonnable en appartement et que nous avions déjà six chiens, à Paris ! Il m'a dit d'un ton misérable : « Alors, moi je ne peux pas avoir mon chien ? » J'ai eu des remords. Je lui ai donc offert Olga pour son anniversaire. Il était fou de joie ! J'ai demandé à un bénévole de l'association d'en faire un chien adapté à la vie de Michel : Paris, la voiture, les studios. En deux mois, ce bénévole en a fait une petite chienne merveilleuse et parfaite. Bien élevée, douce, intelligente.

Michel Drucker avait renchéri :

- Olga est très apaisante, c'est un anti-stress. Elle est timide, mais très intelligente.
Je l'emmène partout, à pied, en voiture, même en hélico !
Je suis tombé amoureux de cette chienne ! C'est l'animal le

plus doux et le plus tendre que j'aie jamais eu ! Elle ne m'a pas quitté depuis deux ans. Elle dort au pied de mon lit.
- J'ai remarqué que durant l'émission *Vivement Dimanche* vous aviez toujours la main posée sur elle.
- Elle en a besoin. Si j'enlève ma main, elle relève la tête et se demande ce qui se passe. J'avais décidé de l'emmener sur le plateau pour voir son comportement, elle a été très sage. Elle n'a pas bronché, même durant les applaudissements. J'ai failli la perdre deux fois.
J'étais paniqué.
- Dans quelle circonstance ?
- Un jour, aux Invalides, elle jouait avec un chien. D'un seul coup, elle a traversé le boulevard comme une flèche. J'ai entendu un crissement de freins, puis un hurlement. J'ai accouru, elle avait disparu ! Je pensais qu'elle avait été écrasée, mais où était-elle ? En fait, elle avait été heurtée au-dessus de l'œil, par un pare-chocs. Affolée, elle est partie à mon bureau, en empruntant un chemin qu'elle ne connaissait pas ! Lorsque je l'emmène en voiture, je passe toujours par le Pont des Invalides, elle a suivi le Pont de

l'Alma et s'est très bien repérée ! Elle a été retrouvée grâce à sa médaille où il y a mon nom et mon téléphone.
Une autre fois, je quitte mon bureau pour aller faire des courses. Ne me voyant plus, Olga est allée voir en salle de montage, puis dans mon bureau : personne. Elle est sortie du studio. Elle a commencé à me chercher systématiquement dans les endroits où j'étais allé avec elle. Elle s'est souvenue du restaurant où nous avions déjeuné, le midi.
Elle a été y pointer son nez.
Finalement on l'a retrouvée rue Saint-Honoré ! Son intelligence me stupéfie ! Depuis qu'elle est à la télévision, tout le monde la connaît.
Dans les embouteillages, on baisse la vitre pour la caresser.
Je suis content, comme elle est jeune, je l'ai pour longtemps. J'espère la garder jusqu'à la fin de ma carrière !
- Est-ce que c'est le fait d'aimer les bêtes qui, au départ, vous a rapproché de Dany Saval ?

De toutes façons, je n'aurais pas pu vivre avec quelqu'un qui ne les aimait pas ! C'est réciproque pour Dany ! Quand je l'ai rencontrée, elle avait des lévriers. En Provence, elle et moi avons des chats, une douzaine de chiens, des ânes, des pigeons, des canards et des cailles. Je ne parle pas des bêtes que nous avons à Paris. Je crois que nous sommes un peu dingues ! Il faut aimer les animaux, nous avons beaucoup à apprendre d'eux. On ne dira jamais assez ce qu'ils nous apportent ! Je les recommande pour les enfants, ils représentent l'équilibre absolu. Lorsque je les observe, les soirs d'été, quelle paix ils dégagent !

Lorsque j'ai appris la mort d'Olga, en juin 2008, j'ai repensé à l'enthousiasme avec lequel Michel m'avait parlé d'elle. Je me suis souvenue de sa phrase : « Je suis content, comme elle est jeune, je l'ai pour longtemps. J'espère la garder jusqu'à la fin de ma carrière ! » La vie en a décidé autrement… et j'ai eu mal pour lui.

Près de deux ans après, à l'occasion de ce livre, j'ai demandé à Michel Drucker s'il avait fait le deuil de sa chienne. Il m'a répondu :

- Je n'ai jamais pu me faire à la mort d'Olga ! J'ai gardé

ses deux laisses. J'ai encore le réflexe d'aller lui ouvrir la porte arrière de ma voiture pour qu'elle descende !

- Pourtant, vous avez d'autres chiens ?

- Oui, mais Olga C'ÉTAIT MA CHIENNE ! Elle était toujours avec moi, dans la chambre, dans la salle de bains, toujours à mes pieds, elle m'attendait dans la loge des artistes.

Elle avait un regard étonnant, presque humain. Elle était hypersensible. Douce et gentille, elle suivait volontiers les gens. On aurait pu me la voler facilement. Elle était très réceptive aux voix. Elle comprenait une grande part de notre langage. Lorsque j'étais en voiture, elle était placée à l'arrière et je lui parlais tout le temps. Les gens qui me voyaient passer devaient se dire : « Tiens, Drucker qui parle tout seul ! »

- Que s'est-il passé ? Elle n'était pas très vieille.

- Elle avait dix ans. Sa mort a été brutale. Je l'ai amenée chez le vétérinaire pour une petite tumeur. Il en a découvert plein d'autres. C'était un cancer. Il a fallu l'endormir. J'étais arrivé avec elle ; une heure après, je suis ressorti seul, avec sa laisse... Elle est morte un jeudi. Si ça avait été le mercredi, jour où j'enregistre « Vivement dimanche », je n'aurais pas pu faire l'émission. J'étais effondré, je suis rentré chez moi, complètement K-O.

- Le canapé rouge de l'émission semble bien vide sans la présence d'Olga.

- Encore maintenant, les invités de « Vivement dimanche » me demandent où était placée Olga.

- Pensez-vous revivre une relation aussi exceptionnelle avec un autre chien ?

- En fait j'ai adopté un chat, Calinou. C'est un exotic shorthair*, qui ne me quitte pas. J'ai reporté sur ce chat les sentiments que j'avais pour Olga. Il m'apprend à connaître le monde des chats que je connaissais moins bien que celui des chiens.

En racontant la mort d'Olga, Michel évoque un moment vécu comme très douloureux par tous les maîtres. C'est le moment où, après être entré chez le vétérinaire avec un animal, ils ressortent avec la laisse ou le panier vide. Cette épreuve est terrible, surtout quand, comme pour Mabrouk ou Olga, la mort survient

* Persan à poil court appelé aussi « chat pyjama ».

brutalement alors que rien ne le laissait présager. Hélas, il n'y a pas encore de psychologue attaché au cabinet des vétérinaires pour aider les gens à passer ce cap.

TÉMOIGNAGE DE BERNADETTE CHIRAC

J'ai demandé à Michel Drucker des nouvelles de Sumo. J'avais connu Sumo en interviewant Bernadette Chirac. C'était un petit bichon frisé facétieux et très sociable. Sans me connaître, il était monté sur mes genoux pour me lécher les mains. Mme Chirac m'avait dit :

- Mon mari en est fou. Lorsqu'il arrive dans une pièce où se trouve le chien, plus personne n'existe, même pas moi ! Il le prend dans ses bras et il lui parle ! Il n'arrête pas de répéter : « Ce petit chien est très intelligent ! »

Mme Chirac m'avait expliqué comment Sumo était arrivé dans sa vie :

- Le jour de mon anniversaire mon mari m'a dit « il y a un colis pour vous dans la bibliothèque ». Il y avait un grand carton que j'ai ouvert. Mon petit fils Martin, qui avait 5 ans, a surgi du carton avec un chiot dans les bras. C'était un petit bichon frisé.

Comme chacun sait, notre ancien Président adore les combats de sumos, et comme il a le sens de l'humour, il a baptisé ce minuscule petit chien du nom de « Sumo ». Lorsque Jacques Chirac a quitté la présidence, Sumo s'est retrouvé dans un appartement. Adieu les jardins de L'Élysée, l'odeur des plantes et ses courses avec le chien de Martin. Sumo est devenu triste et dépressif. Il a mordu cruellement M. Chirac à trois reprises. La mort dans l'âme, l'ancien couple présidentiel a dû se séparer de lui. J'ai donc demandé à Michel des nouvelles du petit chien.

- Sumo est en pension à la campagne, dans une ferme de Seine et Marne. Il est chez des amis. Il y est très heureux et il ne mord plus. M. et Mme Chirac vont lui rendre visite.

- En novembre 2009, au cours de l'émission « Vivement dimanche prochain », vous avez offert un chien à Jacques Chirac, pour ses 77 ans. Comment s'appelle-t-il ?

- C'est un bichon frisé. Une petite femelle. C'était l'année des « E », mais Jacques Chirac a préféré l'appeler « Sumette »

DOUCE ET SOCIABLE, OLGA ÉTAIT LA MASCOTTE DE "VIVEMENT DIMANCHE"

en l'honneur de Sumo qu'il aime beaucoup.

Le comportement agressif de Sumo m'a stupéfiée.
Mme Chirac m'avait dit qu'il était tellement gentil qu'il suivait tout le monde et qu'il aurait pu partir avec un visiteur ou un garde républicain. Comment un petit chien si sociable, si accueillant s'est-il transformé à ce point ?

Si le brusque changement de vie a pu le perturber, il y a peut-être d'autres raisons.
Selon Bernadette Chirac, son mari aurait eu une période de dépression en quittant la présidence. Est-ce que Sumo, qui vivait en symbiose avec son maître, aurait senti son état dépressif ? Il existe une autre hypothèse. Le chien prenait des antidépresseurs. Mon vétérinaire m'a dit que les animaux qui en prenaient pouvaient devenir agressifs, du fait que ces médicaments désinhibent.
Ce qui pourrait faire lever l'interdiction de toucher au maître... La morale de cette histoire, c'est que les aléas de la vie n'épargnent personne, pas même un petit chien qui avait tout pour être heureux...

TÉMOIGNAGE DE REHA HUTIN

Reha et Jean-Pierre Hutin ont créé l'émission* et le magazine « 30 Millions d'amis » qui perdurent depuis plus de 30 ans. Le titre est tellement célèbre que durant les quinze années où j'ai interviewé des gens pour le magazine, je n'ai jamais eu à expliquer ce qu'était « 30 Millions d'Amis ». Tout le monde, que ce soit en région parisienne ou au fin fond des campagnes, connaissait l'émission, sinon le magazine. À la mort de son mari, Reha Hutin a repris le flambeau et continué l'émission*. Elle est à présent, Présidente de la Fondation « 30 Millions d'Amis », reconnue d'utilité publique. Elle m'a expliqué les circonstances de la mort de ses chiens, Junior, fils spirituel de Mabrouk, et sa fille Mabrouka.

- Lorsque Jean-Pierre est mort en juin 1996, Junior était déjà paralysé. Il était à bout, mais j'ai l'impression qu'il s'est accroché jusqu'à fin août pour rester avec moi, pour ne pas me lâcher. On aurait dit qu'il sentait mon chagrin et qu'il me disait : « Je ne peux pas t'abandonner tout de suite. Je ne peux pas te faire ça. » Je m'en veux de ne pas l'avoir

*sur FR3.

fait piquer plus tôt, mais je n'en avais pas le cœur.

- Beaucoup de maîtres culpabilisent à ce sujet. Certains se reprochent d'avoir fait endormir leur animal trop tôt et d'autres se reprochent de l'avoir fait trop tard !
- Quand on a vécu longtemps avec un animal, on finit par le connaître. Tant que je voyais les yeux de Mabrouka briller, lorsque je lui montrais un morceau de chocolat, je me disais : « elle veut vivre ». Certaines personnes font piquer leur animal par commodité, parce qu'il s'oublie partout, par exemple. En fait, c'est leur souffrance qui doit nous déterminer. Le jour où le vétérinaire m'a dit qu'elle avait un cancer généralisé et qu'elle allait souffrir, je me suis décidée à l'endormir. Je ne voulais pas faire la même erreur qu'avec Junior.
- Après la mort de Junior et Mabrouka, avez-vous eu envie de reprendre un autre chien ?
- Trois ans après la mort de ma pauvre Mabrouka, son absence me pèse toujours. J'ai encore du mal à envisager de prendre un autre chien. Elle avait 14 ans. Cela faisait quatre ans que les gens me

disaient : « C'est une vieille mémère ! » J'avais envie de les étrangler ! Cela me mettait en face d'une réalité que je n'acceptais pas : sa disparition. Un an avant sa mort, j'ai recueilli un petit chat noir, jeté à la rue, que j'ai appelé « Pilou ». Il m'est venu une passion pour les chats dont je découvre l'univers. J'en ai trouvé un deuxième que j'ai appelé : « Faubourg Saint-Honoré », parce que c'est l'endroit où je l'ai trouvé. Celui-là ne me quitte pas, il se colle à moi. Lorsque j'arrive de Paris, stressée, et que je retrouve ce chat qui ronronne et s'installe contre moi, ça me calme tout de suite ! Le ronronnement est une fréquence, si vous la captez, elle soulage et elle guérit*.

- Faites-vous partie de ceux qui conseillent, après la mort d'un animal, d'en reprendre un autre ?

- Ceux qui ne peuvent supporter de vivre sans animal se dépêchent d'en reprendre un autre, qui ressemble le plus possible au précédent.

- Oui, mais parfois, ils ne peuvent s'empêcher de faire des comparaisons, au détriment du nouveau venu !

*Lire à ce sujet : V. Aïache, *La ronronthérapie*, éd. Le Courrier du Livre.

- C'est vrai. Jean-Pierre Hutin disait que c'était comme un veuf qui compare son ancienne femme à la nouvelle ! J'ai envie de dire aux gens qui viennent de perdre une bête : « Allez dans les refuges ! Vous sauverez un animal malheureux. Ça sera une façon de dire à votre animal décédé : « Tu as laissé ta place pour que je puisse en sauver un autre ! »
- Que faire, pour éviter de souffrir à la mort d'un animal ?
- Ce que je conseille, lorsque le chien ou le chat est déjà très vieux, c'est d'en prendre un second, plus jeune. Ce qui est terrible, c'est le vide que laisse un animal qui disparaît. On se cogne à cette absence ! Pour le maître, la présence du nouveau venu atténuera un peu cette absence. L'animal vieillissant trouvera une seconde jeunesse à regarder le jeune sauter ou courir partout. Ça lui fera une distraction.
La mort d'un animal aimé nous fait retomber en enfance. On se laisse aller à pleurer à chaudes larmes, sans retenue, alors que l'on peut se contrôler et faire preuve de courage, face à d'autres drames.
Cette attitude est souvent mal comprise par l'entourage qui

trouve ça ridicule. On préfère alors se cacher et garder pour soi ce chagrin immense, mais on ne fait qu'aiguiser la douleur.

- Est-ce pour cette raison que vous avez créé le premier cimetière virtuel pour animaux ?

- Oui. Lorsque Mabrouka est morte j'ai créé sur le site de la Fondation un espace dédié à tous ceux qui ont perdu un animal. Un cimetière virtuel, en quelque sorte, où chacun peut déposer un mot ou une photo en hommage à son animal disparu. En quelques jours, ce sont des centaines de personnes qui sont venues dire leur peine ou laisser des messages de consolation !

Je me suis rendue sur le site de ce petit cimetière virtuel.

Si vous souhaitez y participer, il faut aller sur le site de la Fondation : « 30 millionsdamis.fr », choisir « Mon animal et moi » et cliquer sur « À mon ami ». Vous pourrez mettre la photo de votre animal, accompagnée de quelques mots. Vous pourrez aussi correspondre avec des gens qui vous comprendront parce qu'ils ont vécu la même chose que vous.

Le site n'est pas triste, parce que les photos des animaux décédés sont jolies. Chaque maître a écrit un petit mot en mémoire de son animal.
Les phrases sont naïves ou touchantes. Parfois, elles traduisent une vraie souffrance. J'ai relevé : « Ton absence, ce vide immense qui m'envahit est un vrai supplice ». Parfois elles font preuve d'optimisme comme : « Nous les reverrons tous, jeunes et en pleine forme, pour ne plus jamais être séparés. Gardez-les encore longtemps dans vos pensées. »

La mort d'un animal peut être aussi une blessure narcissique. Je me souviens de cette femme qui avait perdu son chien et qui m'a dit en pleurant : « Pour la première fois de ma vie, j'avais l'impression de compter pour quelqu'un ! » Moi-même, j'ai péché par une sorte de narcissisme candide. Je sais que c'est ridicule, mais je me suis surprise à me demander, presque indignée :
« Comment ce chat, qui ne vivait que pour moi, a pu partir ailleurs ?!
Où es-tu mon petit chat charmant qui ne pouvait vivre sans moi ? » C'est ce que j'ai essayé de savoir dans les chapitres suivants.

EST-CE QU'IL SURVIT QUELQUE PART ?

C'est la question que se pose la majorité des maîtres qui viennent de perdre un animal. Où est-il parti avec son amour, son dévouement, sa fidélité ? Est-ce qu'ils le retrouveront un jour ? C'est aussi la question que s'est posée le philosophe russe Nicolas Berdiaev à la mort de son chat* :

« Un fait se produisit dans notre vie qui me fut plus sensible qu'on ne saurait le croire. Ce fut la mort de notre chat Mourry. Je me suis senti en union avec toute la création, attendant la rédemption. Avant de mourir, il se traîna dans la chambre de Lydie**(...) et sauta sur son lit pour lui faire ses adieux. Ce fut très émouvant. Je pleure rarement, mais à sa mort, je versai des larmes amères. La mort de cette créature de Dieu, charmante, fut pour moi l'expérience de la mort en général, de la mort des êtres aimés. J'exigeais la vie éternelle pour mon chat, la vie éternelle pour nous deux.

Longtemps, il me fut impossible de parler de lui, je le voyais grimper sur mes genoux. Avec la mort de Mourry, le problème de l'immortalité se posa à moi de façon concrète. »

**Essai d'autobiographie spirituelle*, éd. Buchet/Chastel.
**Sa femme.

J'aurais été professeur de philosophie, j'aurais fait souligner cette dernière phrase par mes élèves. Car c'est bien la mort d'un simple chat qui tira des larmes à ce grave philosophe et le poussa à s'interroger sur l'immortalité...

Pour sa part, Madeleine Chapsal est convaincue que ses animaux décédés continuent d'exister quelque part. Lorsque j'ai dit à Madeleine que je l'allais interroger Michel Drucker sur la mort de sa chienne Olga, que l'on voyait à l'émission « Vivement Dimanche », elle m'a répondu :

- Mon chien avait une relation épistolaire avec Olga, la chienne de Michel Drucker. J'envoyais à Olga des petits mots signés « Léon ». Vous direz à Michel que Léon est parti. Il a rejoint Olga. Maintenant, ils sont ensemble...

- Vous dites « ils sont ensemble ». Est-ce que cela veut dire que vous croyez à une vie après la mort pour les animaux ?

- J'habite depuis plus de 40 ans dans cet appartement. Il est hanté par tous le chats et les chiens que j'ai perdus et qui l'ont habité. Je les sens, je leur parle. (Je ne me sens

pas ridicule, parce que je suis toute seule.) Je me sens accompagnée et je suis convaincue qu'après ma mort je les retrouverai tous ! Il existe une légende hindoue qui dit que, lorsque l'on va mourir, tous les animaux que l'on a connus viennent en chaîne pour vous hisser vers le ciel. J'aime bien cette image : mes chat, mes chiens viendront tous me chercher et m'aideront à escalader les marches du Paradis !

J'ai posé la même question à Michel Drucker :

- Si vous croyez à une forme de survie pour l'être humain, est-ce que vous croyez à une survie animalière ?

- Je l'espère. J'espère qu'Olga est quelque part. Il y a des humains qu'on ne souhaite pas retrouver, mais j'espère qu'un jour, je rejoindrai ma chienne !

Jean-Pierre Hutin était persuadé que les animaux avaient une âme. J'ai demandé à sa femme, Reha, son point de vue sur le sujet :

- Je crois que la main de Dieu est sur eux ! Ils ont un sens supplémentaire : le 6e sens.

Je pense à ce chat, dans une maison de retraite, qui va uniquement sur le lit des personnes qui vont mourir*. Il ne se trompe jamais !
À cause de ce pouvoir, les animaux ont un contact direct avec l'au-delà. J'ai vécu quelque chose d'étonnant avec Pilou et Mabrouka. Mon chat Pilou détestait Mabrouka et s'enfuyait à son approche ; Mabrouka, malgré sa paralysie, essayait de le croquer !
Au moment où elle allait mourir, j'ai encore tenté de les mettre en présence. À ma grande surprise, le chat ne s'est pas enfui, comme à son habitude. Il s'est lové entre ses pattes et elle l'a laissé faire. Je n'en revenais pas.
A tel point que j'ai pris mon appareil photo pour mémoriser la scène ! J'ai eu l'impression qu'un animal passait le relais à l'autre, au-delà de la mort. Je suis persuadée que l'âme de Mabrouka est passée dans ce chat ! Une sorte de transfert du corps déchu de Mabrouka, à ce petit chat de 8 ans.

Lorsque, le soir, je regarde les yeux de Pilou, je me dis que Mabrouka est là, derrière ce regard énigmatique...

*Voir page 64.

“J’ESPÈRE QU’OLGA EST QUELQUE PART
ET QUE JE LA RETROUVERAI UN JOUR”

Michel Ducker

© Gérard Schachmes

Moi aussi, je me suis demandé : « Est-ce que Fripon survit quelque part ? » Ce n'était pas la première fois que je me posais ce genre de question. À 12 ans, j'ai assisté à une scène que je n'aurais pas dû pas voir. Je` campais avec mes parents dans un champ qui appartenait à un boucher. Nous ignorions que cet homme abattait des bêtes clandestinement. Un jour, en rentrant de la baignade, j'ai vu le boucher ouvrir la porte d'une grange. Une masse énorme a surgi. C'était un grand cheval blanc.

Il piaffait, hennissait, se débattait, comme s'il sentait ce qui allait lui arriver. Le boucher lui a fait face et lui a donné un puissant coup de marteau entre les yeux.
Un seul coup.
Le cheval s'est écroulé instantanément. Une seconde…
Il a fallu une simple seconde pour que cette force de la nature s'écroule, inerte.
Cachée par les arbres, je suis restée pétrifiée par l'horreur et la stupeur. C'était, bien sûr, la barbarie de l'acte qui m'horrifiait, mais plus encore la rapidité avec laquelle sa vie était partie. Où était passée toute cette énergie enfuie en une seconde ?
Plus tard, lorsque j'appris la formule célèbre de Lavoisier : « Rien ne se perd, rien ne se crée, tout se transforme » j'ai repensé au cheval blanc.
Sa forme d'énergie subsistait-elle quelque part ?

C'est la même question que je me suis posée après la mort de Fripon. Est-ce qu'une partie de lui-même subsistait dans la maison ? Je me suis assise sur le canapé.
J'ai évité soigneusement sa place habituelle, comme si je risquais de m'asseoir sur lui.
J'ai mis la raison à la porte.
J'ai fait un geste que je ne referai

plus jamais : j'ai caressé l'échine invisible de Fripon et je lui ai parlé. Je me suis dit : « Heureusement que personne ne me voit ! », j'ai repensé, soudain, au livre de Jean-Pierre Hutin* où il raconte qu'après la mort de Mabrouk, il a refait la promenade qu'il faisait avec lui dans son jardin. Il a recherché l'endroit où le chien se couchait dans l'herbe et il a caressé le corps invisible de Mabrouk. Il écrivait : « Si quelqu'un m'avait vu à quatre pattes, en train de parler tout seul, d'embrasser l'herbe, il m'aurait pris pour un fou ! »

Que signifient de tels gestes ? Est-ce notre inconscient qui refuse catégoriquement la mort ? Est-ce un instinct subtil qui nous dit que l'animal existe encore quelque part ? Peut-être là, à côté de nous, de façon invisible ? Cela paraît invraisemblable et pourtant... C'est grâce à des ondes invisibles que mon portable fonctionne. Je ne les vois pas et pourtant j'entre en contact avec mon correspondant, parce que ces ondes existent.

Je n'entends pas le sifflet à ultrasons, mais le chien à côté de moi dresse les oreilles, car lui

**Mabrouk chien d'une vie,* éd. Robert Laffont

les perçoit. Bref, il y a des choses que je ne vois pas, que je n'entends pas et qui existent de façon indéniable.
Le rationalisme de Descartes, le positivisme d'Auguste Comte semblent de nos jours bien dépassés ! La physique quantique (qui s'oppose à la physique classique) bat en brèche nos certitudes. Les objets nous paraissent solides et nous les voyons en trois dimensions. Erreur ! La physique quantique nous démontre que ces objets sont constitués d'atomes faits eux-mêmes de particules qui n'ont aucune solidité ! Ces objets vibrent à une telle vitesse que nous ne pouvons pas le percevoir.

À la mort de Fripon, je me suis donc posé la question : Se peut-il que mon chat existe encore dans une dimension que je ne perçois pas, du fait de mes sens limités ? Est-ce qu'il survit quelque part ? J'ai alors décidé d'effectuer une recherche dans ce sens. En tant que journaliste, j'avais mené beaucoup d'enquêtes, mais je ne savais pas ce qui m'attendait…

Pour me consoler, le vétérinaire m'avait dit, en parlant de mon chat : « Il ne pouvait pas être éternel ! » Pas éternel Fripon ? Qui sait…

*Le chat s'appelle « Oscar » (voir page 58). Il vit dans un établissement de la côte Est des États-Unis qui accueille des malades en phase terminale. Des médecins et des infirmières de cet établissement racontent que, lorsque le chat se couche sur le lit d'un malade, ce dernier décède quelques heures après…
Il ne s'agit pas de quelques cas, qui pourraient être des coïncidences, mais de 25 personnes ! Il n'existe pour le moment aucune explication scientifique à ce phénomène.

FRIPON EST PARTI...
IL EST PASSÉ DE L'AUTRE CÔTÉ DU MIROIR

CHAPITRE 2

OUI OU NON, ONT-ILS UNE ÂME ?

« Les animaux aussi possèdent une âme et nous, êtres humains, devons nous sentir solidaires avec nos frères cadets. »

Jean Paul II,
au cours d'une audience publique,
le 19 janvier 1990

Les animaux ont-ils une âme ? Autrement dit : est-ce qu'il y a en eux un principe éternel qui survit après leur mort ? Depuis des siècles, les théologiens s'affrontent sans merci. Depuis des siècles, les pauvres bêtes attendent que l'on statue sur leur sort. Certains diront : « Dans notre société, l'animal est assimilé à un objet, sans statut juridique, alors pourquoi voudriez-vous qu'on lui reconnaisse une âme ? »
Où trouver des réponses ?
Ce n'est pas chez les philosophes dont les convictions discordantes sont décourageantes. Pythagore, par exemple, croyait en la métempsycose. Il pensait que l'âme pouvait se réincarner chez un humain, un animal, ou une plante. À l'opposé, Descartes voyait les bêtes comme des machines. L'Animal-machine était, selon lui, dépourvu de conscience et de pensées.
Il affirmait que l'on pourrait, un jour, créer une machine à tout point semblable à l'animal.
À croire qu'il n'avait jamais eu d'animal dans sa vie !
Heureusement, Mme de Sévigné était là pour lui river son clou : « Des machines qui

aiment, qui ont une élection pour quelqu'un, des machines qui sont jalouses… Allons, jamais Descartes n'a prétendu nous le faire croire ! »
À la question : « les bêtes ont-elles une âme ? », Alphonse Allais répondait* : « Pourquoi n'en auraient-elles pas ? J'ai rencontré dans la vie une quantité considérable d'hommes, dont quelques femmes, bêtes comme des oies, et plusieurs animaux, pas

**À se tordre*, éd. Flammarion, 1891.

beaucoup plus idiots que bien des électeurs. »
Les spéculations contradictoires des philosophes ne m'ayant pas apporté de réponses, je me tournais bravement vers la religion. Je me mis donc en devoir d'interroger les curés. J'avais soigneusement noté les passages de la Bible qui évoquaient l'âme des animaux. Je pensais, que, avec la Bible dans une main et la déclaration de Jean-Paul II dans l'autre, je n'allais recueillir que des témoignages unanimes. Hélas, femme naïve entre toutes, je me heurtai aux opinions tranchées et divergentes des hommes d'Église…

POINTS DE VUE DES CURÉS

Parmi les sceptiques, j'ai rencontré Jean-Claude Pompanon qui est le curé d'une commune des Yvelines. Lorsque je lui ai parlé de l'âme des animaux, il m'a répondu :

- Dans la cosmologie ancienne, les penseurs, tels qu'Aristote, croyaient que la matière était inerte. L'âme était définie comme ce qui animait la matière. Ce qui était vivant, comme l'animal, par exemple, avait une âme.
- Et à présent ?
- Dans le langage contemporain,

le mot « âme » signifie « esprit ». Quand on dit que l'âme est immortelle, on veut dire que c'est l'esprit qui est immortel. On n'a plus besoin de la notion d'âme au sens propre, puisque de nos jours, personne ne pense plus que la matière est inerte. Par contre, on ne parlera pas de l'esprit d'un animal.

- Si vous refusez catégoriquement le principe d'immortalité pour l'animal, comment interprétez-vous alors la phrase de Jean-Paul II qui dit clairement que les animaux ont une âme ?

- Quand un pape dit que les animaux ont une « âme », il parle le langage de l'Antiquité. Il ne veut pas dire que les animaux ont une âme spirituelle, ni qu'ils sont appelés à la vie éternelle. Il emploie le mot « âme » au sens archaïque qui signifie : « ce qui anime la matière ».

J'avoue que l'interprétation du père Pompanon m'a laissée un peu sceptique. Pourquoi Jean Paul II, reconnu comme un pape moderne, aurait employé le mot « âme » au sens archaïque ? Ce qui revenait à déclarer solennellement que les animaux étaient des êtres vivants. Ca fait longtemps que tout le monde le sait !

Monseigneur Dominique Philippe, Archevêque catholique Gallican de Paris, partage mon avis.

- Jean Paul II était un novateur. Je ne vois pas pourquoi il aurait parlé le langage de l'Antiquité ! Il voulait dire que les animaux ont une âme au sens moderne du terme. Bossuet disait des messes pour les animaux. Il affirmait, déjà à cette époque, qu'ils avaient une âme. S'il y a une résurrection, obligatoirement les animaux y participeront, nous ne sommes que des animaux supérieurs. Les prêtres qui n'y croient

pas n'ont pas la connaissance de l'animal.

Monseigneur Philippe est à l'origine de la bénédiction des animaux qu'il pratique dans la paroisse Sainte Rita, à Paris, une fois par an, le jour de la Saint François d'Assise.
La messe solennelle avec orgues et trompettes dure deux heures et demie. Les fidèles prennent place sur les bancs.
Les petits chiens sont dans leurs bras ; les gros à leurs pieds ; les chats dans les cages.
La lueur d'un photophore rougit l'œil rond d'un perroquet qui, sur la main de son maître, a des velléités d'envol. Deux dromadaires et un poney remontent, par l'allée centrale, jusqu'au chœur de l'église.

- Nous avons eu des singes, des sangliers et même une fois, un chevreuil, explique Monseigneur Philippe.
Quand j'ai commencé à bénir les animaux, on m'a traité de « loufoque », maintenant il y a des prêtres qui le font dans toute la France. Cependant, la plupart font une bénédiction générale sur le parvis et non pas dans l'église. Pourtant, durant la messe, les animaux restent tranquilles. Après leur

départ, je ne trouve ni poils, ni déjections.

À la fin de la messe, chaque maître présente son animal pour qu'il soit béni individuellement. Avant la bénédiction, Monseigneur Philippe lance cet avertissement :

- S'il y a des chiens anticléricaux, qu'ils le disent !

Les rires fusent, ponctués de quelques aboiements de chiens qui semblent goûter la plaisanterie.

- Si les animaux sont admis à certaines messes de cette paroisse, c'est grâce à une dame qui venait prier le dimanche, explique Monseigneur Philippe. À force de la voir attacher son chien à la grille, je lui ai dit de rentrer avec lui. Voilà comment cela a commencé. Pourquoi faire tant d'histoires pour un chien dans une église ? Je me souviens du jour où je visitais une église avec mon caniche, le curé s'est précipité vers moi, comme si je transportais une bombe !

Cette anecdote me rappelle un passage d'un livre de Colette* où elle explique que sa mère, Sido, s'entêtait à aller à la messe avec son chien. Un jour, le vieux curé, excédé, lui

* *La Maison de Claudine,* éd. Librairie Hachette.

expliqua que la messe n'était pas pour les chiens.

« Elle se hérissa comme une poule batailleuse.

- Mon chien ! Mettre mon chien à la porte de l'église ! Qu'est-ce que vous craignez donc qu'il y apprenne ?

- Il n'est pas question de...

- Un chien qui est un modèle de tenue ! Un chien qui se lève et s'assied en même temps que tous vos fidèles !

- Ma chère Madame, tout cela est vrai. N'empêche que dimanche dernier, il a grondé pendant l'élévation !

- Mais certainement, il a grondé pendant l'élévation ! Je voudrais bien voir qu'il n'ait pas grondé pendant l'élévation ! Un chien que j'ai dressé moi-même pour la garde et qui doit aboyer dès qu'il entend une sonnette ! »

Colette explique que la bataille dura longtemps mais que sa mère gagna enfin l'autorisation de venir à l'église avec son chien, qui, d'ailleurs, restait très sage durant l'office. Il avait même droit à la messe de minuit !* : « Le chien nous accompagnait à la messe de minuit en mémoire d'une nuit où le bœuf et l'âne avaient reçu le don de la parole. Il siégeait à

**De ma fenêtre*, éd. Librairie Hachette.

notre banc de notables (...) n'en paraissait pas surpris et écoutait les chants et l'harmonium. »

La plupart des gens qui viennent faire bénir leurs animaux croient à une vie après la mort pour leurs bêtes. Mieux, certains disent sentir la présence de leur animal décédé. Je demande donc à Monseigneur Philippe ce qu'il faut penser de ces témoignages.

- Bien sûr, comme partout il y a des hurluberlus. Ceux-là, il faut les écouter et être gentils avec eux. En revanche, je connais des gens dignes de foi, qui affirment sentir, chez eux, la présence de leurs animaux disparus. Je connais un avocat qui « voit » son chien mort... D'autres n'utilisent pas la place vide du fauteuil ou du divan où se tenait l'animal parce qu'ils sentent qu'il est encore là...

Une dame, venue pour faire bénir un petit chien noir, croit en la réincarnation de l'animal.
- Lorsque mon chien est mort, j'ai demandé un signe à Dieu. Je voulais savoir s'il avait des chances de survivre ailleurs... J'ai repris un autre chien que j'ai appelé David. Chose curieuse, David a deux dents qui se chevauchent, tout comme Loïc, mon chien précédent ! Mieux encore. J'avais appris à mon premier chien à recracher ce qu'il mangeait dans la rue ; David fait la même chose, il recrache ce qu'il mange, un chien ne fait pas ça spontanément ! Je n'ai pas besoin de l'éduquer, à 6 mois, il sait déjà tout ce que j'ai appris à l'autre ! Je ne pleure pas la mort de Loïc, parce que Loïc... il est là !

Et elle me montre David, un petit chien noir réfugié dans son giron...

Colette aussi, de façon plus humoristique, a évoqué la réincarnation de l'animal. Dix ans après que sa chienne bull s'est fait écraser, Colette racheta une autre chienne. Elle raconte, dans un livre*, une conversation échangée avec une dame :

*Paradis terrestres, Ed. Hachette

« - Encore une chienne bull ?
- Vous voyez.
- Mais pourquoi encore une chienne bull ?
- Sans doute, parce que je manque d'imagination...
- D'autant plus que celle-là ressemble incroyablement à l'autre, qui est morte...
Mais incroyablement !

Incroyablement ! Tu l'entends, ô chienne ? C'est le seul mot sensé qui se soit échappé de cette dame, cette dame devant qui tu tiens ton sérieux. Incroyablement, en effet, tu ressembles à la chienne écrasée il y a dix ans.

Je pourrais m'écrier :
« C'est la même chienne ! » et croire qu'elle a seulement patienté, médité, progressé, pendant ses dix années d'absence. Ainsi attendent sous la terre des germes, étirés, obstinés, chercheurs, jusqu'à ce qu'ils trouvent l'issue et s'exhument vivaces...
Peut-être qu'elle a, cette chienne – que tu as cheminé sous la terre à ma recherche, depuis ta mort... »

CERTAINES ÉGLISES LEUR OUVRENT LEUR PORTE

Un soir, un chaton noir et blanc vint se blottir contre les marches d'une maison, près d'une église en briques rouges. Transi, affamé, il avait la queue à moitié arrachée. En choisissant cette maison, il mettait fin, sans le savoir, à son destin de bête errante. Car, c'est vers la maison d'un prêtre compatissant que son instinct l'avait guidé…
Ronald Cosic fait partie des prêtres qui bénissent les animaux, le jour de la Saint François d'Assise. Il y a quelques années, je l'avais interviewé pour le magazine « 30 Millions d'amis ». Il avait recueilli une dizaine de chats, dont ce chaton à la queue arrachée. Certains de ses chats venaient le chercher au catéchisme à la grande joie des enfants. Ils ne mâchaient pas ses mots à l'égard de ceux qui ne respectent pas les animaux.
- Comme le Petit Prince, si on apprivoise un animal, on a des devoirs envers lui. Si on le rejette, on est un salaud ! De la même façon, je ne comprends pas les prêtres qui bénissent les chasses, ils devraient avoir le courage de dire « non », quitte à perdre des paroissiens !

Pour les besoins de ce livre, j'ai retrouvé le Père Cosic qui est maintenant curé de l'église Sainte Jeanne d'Arc, à Meudon. Il bénit toujours les animaux. Je lui ai demandé sa position sur l'âme des animaux et leur survie éventuelle.

- Ce n'est pas demain que l'Église dira : « les animaux iront au paradis ». Il ne faut pas lui forcer la main.
Certaines civilisations adoraient les animaux et les divinités à têtes de bêtes, je me demande si ce n'est pas pour cela que les animaux ont été rejetés par l'Église qui les associait à des rites païens.
Pour ma part, je suis optimiste.
On ne sait pas réellement comment se passera la résurrection, mais je pense que les animaux y participeront, un peu comme la chenille qui se transforme en papillon. On me traite parfois d'original ou de doux dingue parce que je bénis les animaux. Mais tout être vivant mérite le respect !

Comme les papillons qui volent vers la lumière, les animaux iront vers leur éternité en laissant leur dépouille terrestre. C'est l'avis du père Cosic et c'est aussi l'avis de Neptune, un des derniers chats recueilli par le prêtre. C'est un joli chat roux qui ne se pose pas de question métaphysique. Le père Cosic l'a trouvé dans la crèche. Sûr de son éternité, il y dormait d'un sommeil béat…

Je vais faire, ici, une petite digression et ensuite, je reviendrai à mes moutons, où plutôt à leur âme. J'ai posé une autre question au Père Cosic qui me préoccupe depuis longtemps. Je ne peux plus regarder les documentaires animaliers. Cette implacable tragédie où une bête en tue une autre pour subsister. Lorsque que l'on montre la course d'un prédateur à la poursuite d'une proie, je me surprends à dire à l'animal traqué : « cours vite, échappe-toi ! » et puis je me ravise. S'il s'échappe, c'est le prédateur qui mourra de faim… Ce n'est plus « aimez-vous les uns les autres », c'est « mangez-vous les uns les autres ». Comment rester optimiste et croire à la bonté d'un Dieu en regardant certains documentaires animaliers ? Les bêtes sauvages peuvent-elles échapper à ce destin inexorable: tuer ou être tuées ?

- Cela n'aurait pas dû être comme ça, explique le Père Cosic. Il s'est passé quelque chose... Ce n'est pas Dieu

qui a créé la mort... C'est le Diable. Un passage de la Bible dit que lorsque le mal sera vaincu, le loup et l'agneau brouteront ensemble, le lion, comme le bœuf, mangera de la paille, et le serpent aura la poussière pour nourriture.
On ne commettra plus, ni mal ni destruction*.
Acceptons-en l'augure mais c'est bien long à venir...

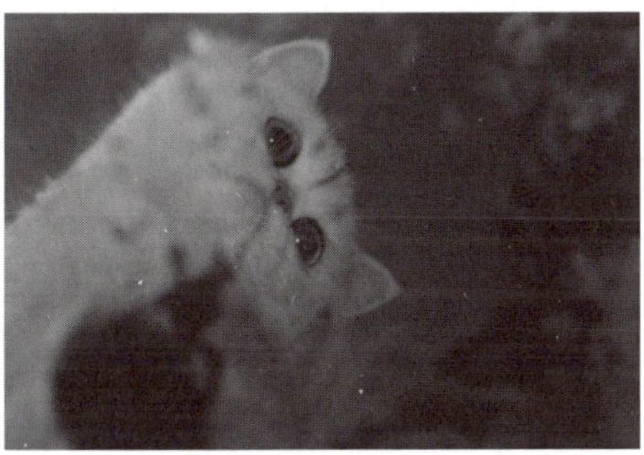

Si les animaux tuent pour se nourrir, ils n'ont pas la perversion de l'homme. C'est ce qu'avait souligné Théodore Monod, lors de la conférence de presse donnée par Brigitte Bardot pour ses 60 ans, en 1994. Assis à côté d'elle, le scientifique avait déclaré :
- Je viens de lire la description d'un crime atroce. Un cadavre découpé en morceaux.
Le journaliste parle d'un crime bestial. Non ! Un animal ne ferait jamais ça ! Il s'agit d'un crime spécifiquement humain et complètement étranger au monde animal ! J'invite tous les amis des animaux à rayer

*Esaïe 65,25

de leur vocabulaire l'adjectif « bestial ».

Théodore Monod avait été beaucoup applaudi, tellement il est vrai qu'il n'existe pas de perversion animale. Je l'ai compris, un jour. Une araignée avait fait sa toile à l'extérieur de ma baie vitrée. Je savais, par expérience, que les araignées recherchent, l'hiver, la chaleur des appartements. J'étais bien décidée à la tuer avant qu'elle ne rentre chez moi. Elle ne sortait que la nuit, pour manger ses proies encore vivantes, ligotées dans sa toile. Elle me répugnait, je la trouvais immonde.
Je ressentais une sorte de colère, je ne supportais pas qu'elle ait choisi ma maison pour se repaître de ses horribles festins. Chaque soir, à la lueur de la lampe électrique, je voyais son ventre gras plaqué à la vitre et je me disais : « demain, je la tue ». Le vent de la nuit déchirait sa toile.
Elle sortait dix fois sous la pluie, pour la réparer. Inlassablement. À force de la regarder vivre, je commençais à la voir différemment. Des efforts obstinés qu'elle faisait pour survivre, se dégageait une sorte d'innocence, une monstrueuse innocence… J'avais de plus en

plus de mal à envisager de la tuer. Finalement, avec un balai, je l'ai poussée doucement dans le vide où elle est arrivée intacte sur l'herbe humide...

Revenons à l'âme de nos animaux. Tous les prêtres que j'ai interrogés m'ont reçue avec beaucoup de courtoisie. Pourtant, certains qui condamnaient les bénédictions d'animaux m'ont paru si froids et si sévères que j'ai eu envie de leur dire : « Ouvrez vos églises à l'innocence des bêtes, vous y gagnerez en humanité. » Un de ces curés, à qui j'apprenais que certains prêtres bénissent les animaux, s'est exclamé :

- Il ne doit pas y en avoir beaucoup !

Je l'ai détrompé, en lui disant qu'il y en avait de plus en plus et dans toute la France. Après un bref silence, il a lâché, dans un ricanement :

- Il y a des farfelus partout !

Les voilà baptisés par leurs pairs...

Méritent-ils vraiment d'être traités de « loufoques », de « farfelus », de « doux dingues », ces bons prêtres qui voient en tout animal une créature de Dieu ? Et pourtant les papes aiment les bêtes ! Pie XII avait des oiseaux. Jean Paul II, dès

son élection, s'est empressé de faire venir son chat de Pologne. Quant à Benoît XVI, des journalistes m'ont raconté l'histoire suivante :
Au lendemain de son élection, Benoît XVI était entouré de journalistes, venus des quatre coins du monde. Ils lui posaient de graves questions : quels allaient être les grands axes de son gouvernement ? Ses grands chantiers ? Le nouveau pape aurait répondu, en cherchant à se frayer un passage parmi la foule des médias :

- Excusez-moi, mais je vais chercher mes chats ! (Dans son appartement de la Piazza Leonina où il les avait laissés.)

Je trouve cette anecdote très intéressante. Elle signifie : « Il y a, peut-être, des choses importantes dans la vie d'un pape, mais pour l'instant ce sont mes chats qui ont la priorité ! »
Il n'y a pas que chez les hommes d'Église que le thème de la survie de l'animal déclenche des passions.
De farouches dialogues opposent aussi les fidèles, comme je l'ai constaté à la sortie d'une église. J'ai demandé à un paroissien s'il croyait à la survie des animaux.

- Vous voulez dire euh... après leur mort ?

AURONT-ILS DROIT À L'ÉTERNITÉ ?

- Oui. Est-ce que vous croyez que quelque chose subsiste après leur mort, qu'ils ont une âme ?
Pas en arrière du monsieur, mouvement rapide des yeux de gauche à droite, comme pour dire : « Vérifions que personne ne me voit parler avec cette cinglée. »

- Une âme ! Mais ils ne savent même pas parler !
Une dame se mêle de notre conversation
- Les muets non plus. Ce n'est pas pour ça qu'ils n'ont pas le droit à la vie éternelle !
- Enfin ! Ils n'ont pas notre intelligence !
- Si les qualités intellectuelles étaient un gage d'éternité, les humains qui ont un Q.I. de moule n'auraient pas droit à la vie éternelle non plus ! rétorque la dame.
- Si tous les animaux ont une âme, à ce moment-là, l'araignée et le virus H1N1 aussi ! plaisante un troisième larron qui s'invite au débat.
Un monsieur à lunettes intervient :
- Vous oubliez que l'Homme descend d'un animal, on disait d'un singe, maintenant on dit que c'est d'un poisson. Si les animaux qui constituent le début de la chaîne n'ont pas d'âme, à quel moment de

l'évolution l'homme aurait-il reçu la sienne ?
Grave question qui laisse tout le monde songeur.
- Si l'homme descend du singe, il y en a qui en descendent plus vite que les autres ! s'exclame la dame, l'œil en coin.
- Tout de même ! Ils n'ont pas nos capacités ! s'énerve le premier monsieur.
- Ah oui ? Essayez donc de vous aligner à la course avec un guépard ! ricane la dame. Les chiens ont un odorat plus développé ; les oiseaux, une vue plus perçante.
- Ils ne bâtissent pas encore de cathédrale, ironise le monsieur.
- Pardon ! Certains nids et même certaines toiles d'araignée ressemblent à des œuvres d'art.

Je me suis esquivée sur la pointe des pieds, de peur d'assister à un pugilat... Cette discussion m'a montré que, si les critères d'immortalité diffèrent selon les croyants, ils portent tous sur des aptitudes ou des qualités intellectuelles. À ma grande surprise, aucun n'a évoqué les qualités spécifiques de nos animaux familiers. Celles qui, pourtant, pourraient être un gage d'éternité : leur amour absolu, leur inlassable fidélité, leur dévouement inconditionnel. Et on voudrait nous faire croire que ces bêtes-là ne mériteraient pas le paradis ? Allons donc ! Comme aurait dit Mme de Sévigné.

> Nous avons une chose en commun avec nos animaux familiers, c'est l'inconscient.

Des études ont démontré que les chiens et les chats font des rêves et, parfois, des cauchemars. Je ne peux pas voir un chat jouer avec une boule de papier sans penser au célèbre passage d'un livre de Freud*. Il raconte comment il observe son petit-fils qui joue avec une bobine de bois, entourée d'une ficelle. Tout en tenant le bout de la ficelle, il la fait disparaître sous le lit en disant « loin ». Puis il la fait réapparaître en disant joyeusement « voilà ». Freud affirme que, dans l'inconscient de l'enfant, la bobine symbolise la mère : son départ, quand il lance la bobine loin de lui, et son retour quand il la récupère. Maîtriser ce jeu permet à l'enfant de supporter l'absence de sa mère.

*Sigmund Freud, *Au-delà du principe de plaisir*.

D'ailleurs, Freud précise que l'enfant ne pleure jamais quand sa mère s'en va.

Je m'apprête à faire bondir les psychanalystes, mais, à chaque fois que je vois un chaton jouer avec une boule de papier, je pense à la bobine de Freud ! Car le comportement du jeune chat est le même que celui de l'enfant. Tous ceux qui ont un chaton peuvent le vérifier ! On lui lance une boulette de papier qu'il s'empresse d'expédier sous un meuble. Et là, une véritable frénésie le pousse à la récupérer. Il tourne comme un fou autour du meuble, s'aplatit par terre, la queue en mouvement. Si on le prend dans les bras, pour détourner son attention, il se débat. Si on le pose par terre, il court vers le meuble avec une idée fixe : retrouver la boulette disparue. Et quand, la patte en cuillère, il la récupère enfin, quelle excitation ! Il saute littéralement de joie avec un bond très vertical. On l'entendrait presque dire joyeusement « voilà « comme le petit fils de Freud… Et comme l'enfant, le chaton recommence son manège en envoyant à nouveau la boulette sous le meuble. Il est évident que la

boulette de papier, perdue et retrouvée, symbolise la mère, pour le chaton.
Toute sa vie, Fripon s'est souvenu de sa mère. Ce qui me permet de l'affirmer ? J'avais l'habitude le soir de prendre un lait chaud. Dès qu'il sentait l'odeur du lait, il sautait sur mes genoux pour téter la manche de mon pull-over ou de ma robe de chambre. Il pétrissait mon bras comme les chatons pétrissent le ventre de leur mère pour faire venir le lait. Quand je l'arrachais de mon bras, il était méconnaissable. La gueule pleine de salive et les yeux fermés, il ressemblait au chaton nouveau-né.
J'essayais de lui tendre le bras droit, mais il revenait toujours au bras gauche. Lorsqu'il tète sa mère, le chaton choisit une mamelle et s'y tient, jusqu'à ce qu'il soit sevré. Fripon s'est tenu à mon bras gauche jusqu'à la fin de ses jours. Il ne faisait aucune tentative pour laper le fond de lait resté dans ma tasse.
Il préférait venir téter ma manche et rechercher mon contact, comme quand il recherchait celui de sa mère. Je suis souvent restée perplexe devant ce grand chat de vingt ans qui faisait, comme certains humains, de la régression infantile…
Fripon a joué avec moi jusqu'à

la fin de sa vie. Dans ces moments-là, il me revenait une phrase dont j'ignore l'auteur : « Je me demande parfois, quand je joue avec mon chat, si ce n'est pas lui qui est en train de jouer avec moi ! »

Certaines chansons populaires, d'un réalisme accentué, évoquent l'âme des animaux. « Mon vieux Pataud » est une célèbre chanson de 1935, chantée par Berthe Sylva. Elle raconte l'histoire d'un pauvre gueux, secouru par la mairie. Il n'a que son chien pour toute famille. Tous les mois, il vient toucher un secours au Bureau de Bienfaisance. Un jour, sous prétexte que « l'argent des indigents n'est pas fait pour les chiens », le maire le force à choisir entre l'argent et son chien. Le vieux résiste, il ne veut pas abandonner son chien.

C'est le célèbre refrain* :

« Mon vieux Pataud toi qu'est qu'une bête

T'es bien meilleur que certaines gens

T'as pas deux sous d'malice en tête

Quand tu veux mordre on voit tes dents

Tandis qu'les hommes, bêtes à deux pattes,

Sous des sourires cachant

**Extrait des paroles de la chanson Mon vieux Pataud*, Bloch Eugene Leon Gentil Ernest Édition, Batifol Rose. Paroles : Le Peltier Raoul Charles.

leurs crocs
À l'instant même où ça vous flatte
Ça vous mang'rait cœur et boyaux
Personne nous deux Pataud n'a pu nous humilier
Moi j'n'ai jamais eu d'maître et toi t'as pas d'collier »

Puisque le vieux ne veut pas abandonner son chien, quelqu'un tire lâchement sur l'animal qui, gravement blessé, se réfugie près de son maître. Celui-ci, désespéré, décide d'en finir avec la vie. Il tire deux balles : une pour achever son chien et l'autre pour se tuer. Et Berthe Sylva de conclure :

« Et c'est comme ça qu'l'on vit doucement dans les cieux
Monter l'âme d'un chien avec l'âme d'un gueux »

Cette chanson populaire ne laisse planer aucun doute : en 1935, les bêtes, comme les gens, avaient une âme… Des années plus tard, la chanson de Jimbo évoquait l'âme d'un éléphant.

Dors, mon Jimbo chéri
Au ciel, la vie est agréable
Il n'y a pas d'hommes en paradis
Ils sont en enfer près du diable*

**Extrait des paroles de la chanson Jimbo l'éléphant* (1947).
Éd. EMI MUSIC Publishing France. Paroles et musique : André Grassi.

On notera que, dans ces deux chansons, respectivement du début et du milieu du XXe siècle, la vision des hommes est très pessimiste.

(Ils sont féroces, ils vous mangent cœur et boyaux.)
Si les hommes ont mérité l'enfer, le paradis est destiné aux animaux…

Au moment où j'évoque ces chansons animalières, j'apprends la mort de Jean Ferrat. Dans *France-Soir* du 14 mars 2010, Michel Drucker évoque le chanteur qui était son ami : « Il était discret, pudique, simple et modeste. Au fond, Jean Ferrat, c'était Monsieur Tout-le-Monde. Il était fou des animaux. Son chien Oural, un berger allemand, a été son fidèle compagnon pendant quinze ans. Il lui a même consacré une chanson. »

Effectivement, en 1980, Jean Ferrat a composé une magnifique chanson sur la mort de son berger allemand Oural. Les paroles en sont très émouvantes. En voici quelques lignes :

« Au paradis des chiens
peut-être
Ton long museau à la fenêtre
Tu nous accueilleras bientôt* »

*Extrait des paroles de la chanson *Oural Ouralou* de Jean Ferrat est la propriété exclusive des éditions Alleluia Productions (Gérard Meys).

LE CIMETIÈRE DES ANIMAUX À ASNIÈRES

« Dans un cimetière de chiens, on est sûr de ne trouver que de braves gens. Au Père Lachaise, c'est une autre histoire… », disait le cinéaste Claude Autant-Lara. C'est en 1899 que le cimetière animalier d'Asnières ouvrit ses portes. Jean Cocteau, Georges Courteline, Sacha Guitry ou Camille Saint-Saëns y enterrèrent leur animal.
Le fameux chien Rintintin qui fut une vedette de cinéma y repose. À l'entrée, une statue de Barry, le Saint-Bernard « qui sauva 40 personnes et mourut à la 41e », rend hommage à tous les chiens de l'Hospice du Grand Saint-Bernard.
En 1987, la Société anonyme, propriétaire des lieux, décida la fermeture du cimetière, car il n'était plus rentable. Je m'en souviens, car je couvrais la manifestation organisée par les amis des animaux. J'étais parmi un petit groupe de journalistes ironiques et goguenards.
Ils trouvaient que c'était faire beaucoup de bruit pour rien. Et puis, ils ont vu arriver une marée humaine ! Plusieurs centaines de personnes s'étaient mobilisées pour sauver le cimetière.
Stupéfaits, ils ont dû s'incliner devant ce phénomène de

société. Cette manifestation, ainsi que d'autres initiatives prises par les amis des bêtes, a permis de sauver le cimetière d'Asnières.

J'y suis retournée à la Toussaint en 2009. J'ai regardé les épitaphes gravées sur les tombes des animaux.
Beaucoup parlaient de paradis et d'éternité. À coup sûr, les maîtres qui avaient enterré ici leurs animaux familiers étaient certains de les revoir un jour.

Ainsi, J'ai trouvé au hasard de ma promenade plusieurs tombes promettant : « À bientôt au paradis » ou « ce n'est qu'un au revoir » ou bien encore ce poème, en hommage à un chien nommé Sultan :
« Compagnon d'une vie,
Compagnon merveilleux,
Tu nous as tout donné, ta force et ta tendresse.
Jusqu'à ton paradis où le ciel est radieux,
Que ton éternité reçoive une caresse. »

J'ai interrogé une dame qui nettoyait la tombe d'une petite chienne. Pour elle, il ne faisait aucun doute que sa chienne survivait quelque part :

- Je sens sa présence dans l'appartement. Je sais qu'elle est encore là. Ma fille la voit en rêve et lui parle.

Beaucoup d'épitaphes évoquaient la fidélité des bêtes, mais une tombe m'a rappelé que les humains peuvent, eux aussi, faire preuve d'une fidélité à toute épreuve. Cette tombe était celle de Titus, mort en 1982. Je ne sais pas si c'était un chien ou un chat, mais ce qui m'a le plus frappée, c'est qu'en ce jour de Toussaint 2009 il y avait un pot de fleurs fraîches sur sa tombe ! 27 ans ! Depuis 27 ans ses maîtres reviennent honorer la mémoire de Titus. Il devait être vraiment un animal exceptionnel...

Ce n'est pas au cimetière animalier d'Asnières que j'ai trouvé la plus belle épitaphe, mais sur Internet. Elle est à la mémoire de Boatswain, un chien né à Terre-Neuve en mai 1803, et mort à Newstead-Abbey en 1808.
« Près de cet endroit, reposent les restes d'un être
Qui posséda la beauté sans la vanité,
La force sans l'insolence,
Le courage sans la férocité,
Et toutes les vertus de l'homme sans ses vices. »

Lorsque je vais au cimetière animalier d'Asnières, je ne peux pas m'empêcher d'évoquer un passage d'un livre de Simone de Beauvoir. Elle raconte qu'elle emmène son amant, Nelson Algren, visiter ce cimetière.
Elle commence par dire que le cimetière se trouve à Clichy. (Il se trouve à Asnières.) Elle parle du saint-bernard, Barry, qui a sauvé 99 personnes. Le nombre est de 41, mais elle n'est pas à 58 personnes près.) On voit,

avec ces approximations, l'intérêt qu'elle porte aux animaux. Jean-Paul Sartre et quelques amis l'accompagnent. Voici comment elle raconte la scène* :

« Sur les tombes, des inscriptions affirment la supériorité de la bête sur l'homme ; elles sont gardées par des épagneuls, des fox, des dogues en plâtre. Soudain, Algren donna un coup de pied rageur dans un caniche dont la tête roula sur le sol. “ Mais, pourquoi ? “ lui avons-nous demandé en riant. “ Il me regardait d'un air qui ne m'a pas plu ! “ répondit-il. Ce culte rendu à des bêtes l'irritait. »

« Ce culte rendu à des bêtes » l'irrite tellement qu'il démolit une statue de caniche à coup de pied ! Ce comportement infantile traduit une sacrée dose d'agressivité ! Simone de Beauvoir s'amuse de la violence de son amant, pourtant, plus tard, c'est elle qui fera les frais de cet homme imprévisible...

Qu'allaient-ils donc faire au cimetière des animaux, ces brillants intellectuels qui aimaient les hommes et pas les bêtes ?

* Simone de Beauvoir, *La Force des choses*, éd. Gallimard 1963.

LES HUMAINS ONT-ILS UNE ÂME ?

On pourrait parfois se le demander ! Il faudrait plusieurs bottins pour raconter le calvaire que certains humains font subir aux bêtes. Je citerai seulement deux faits divers qui ont soulevé l'indignation générale ces dernières années.

Le premier s'est déroulé dans le département de l'Aisne à Prémontré. Le 14 décembre 2008, une chasse à courre traquait un cerf blessé. L'animal se réfugia dans un pavillon inoccupé. Les images que j'ai vues au journal télévisé m'ont coupé l'appétit. Les chasseurs ont pénétré dans le pavillon. Des voisins ont essayé de sauver l'animal en s'interposant, en vain.
La pauvre bête a été mise à mort au beau milieu du jardin.
Il paraît que le cerf était blessé et qu'il fallait l'achever… Pourtant les images montraient qu'il se tenait debout et qu'il bondissait encore très bien. Il s'est battu jusqu'au bout. Le tueur (ce n'est peut-être pas le mot juste en vénerie, mais pour moi, c'est le bon) s'est approché pour l'achever d'un coup de dague. Comme s'il s'avait qu'il n'y avait plus d'issue, le cerf s'est mis

courageusement en position d'attaque. Il a baissé sa tête pour se défendre avec ses bois dans une dernière lutte dérisoire. C'est ce qui m'a fait le plus mal. Lorsqu'on lui a reproché de s'être introduit dans une propriété privée, le responsable de cette chasse à courre a déclaré : « On n'allait pas faire une demande en trois exemplaires ! » Ben voyons.

Comme si le fait de pratiquer la chasse à courre le dispensait de respecter la loi ! Il a également déclaré que cette mise à mort « s'inscrit dans l'éthique de la vénerie ». Quelle éthique ? Celle qui permet de s'introduire dans une propriété privée en allant lâchement achever une bête traquée ? Quel triomphe !
Cette barbarie a eu lieu devant beaucoup de témoins, dont des enfants.
À ce sujet, Je ne peux m'empêcher, à nouveau, de citer Jean-Pierre Hutin * : « Si des adeptes de la chasse à courre voulaient à tout prix « servir » un cerf, réfugié dans mon jardin, je crois bien qu'au nom de la loi sacrée de l'hospitalité et du droit d'asile, je tirerais… en l'air d'abord, et plus bas ensuite, si nécessaire. Car, quand bien même la tradition de la vénerie

*J.-P. Hutin, *Mabrouk, chien d'une vie*, éd. Robert Laffont, 1984.

aurait ses lettres de noblesse et – argument éculé du chasseur de tous poils et de toutes plumes – répondrait à une prétendue nécessité écologique, il n'en reste pas moins que le « plaisir de tuer » a succédé au « besoin de tuer pour survivre » des temps préhistoriques. Ce « plaisir » ne devrait plus avoir droit de cité dans une société civilisée… »

Le second fait divers s'est passé pendant l'été 2009, en France, à Espéra-de-l'Agly (66). Un petit chien errait sur la route. Il avait vraisemblablement été abandonné. Et comme si cela ne suffisait pas à sa misère, il a rencontré deux tortionnaires qui l'ont brûlé après l'avoir arrosé d'essence. L'animal s'est embrasé. Les brûlures étaient si graves et si douloureuses qu'il a fallu l'anesthésier pour changer ses pansements !

Les bourreaux sont jeunes : un mineur de 16 ans et une femme de 22 ans. C'est le mineur qui a brûlé le chien pendant que sa complice le tenait. Lors de leur procès, ils ont déclaré qu'ils ignoraient pourquoi ils avaient fait ça... La femme a été condamnée à un an de prison, dont six mois ferme ; le mineur à un an de prison, dont deux mois ferme.

Le chien était présent au procès, ce qui est exceptionnel. Il est rarissime qu'un Président accepte que l'animal martyrisé assiste au procès de ses bourreaux ! Il faut dire que cet acte de barbarie a soulevé une indignation générale. Des gens comme Michel Drucker, Brigitte Bardot, Zinedine Zidane ou Alain Delon ont réagi dans les médias. Plusieurs associations et fondations pour la défense des animaux se sont portées parties civiles.

À la sortie du tribunal, un sociologue s'indignait en disant que le procès avait été fait dans l'émotion* ! Encore heureux ! C'est cette émotion qui a mobilisé toutes ces personnalités et qui a permis (pour une fois) de condamner à la prison ferme des bourreaux d'animaux. La cruauté envers les animaux peut être punie de deux ans de prison, mais la loi n'est jamais appliquée. Je trouve cela plutôt encourageant que des gens célèbres se soient émus du sort d'un petit chien anonyme. Le récit de son martyre a dépassé nos frontières, il reçoit des lettres et des cadeaux de toute

*Voir page 107.

l'Europe. Il a été adopté et baptisé Mambo. Ses maîtres précédents, ceux qui l'avaient abandonné, ne se sont jamais manifestés…

« C'était un chien gentil, pas agressif du tout, qui allait vers les gens pour chercher de l'affection », dit une habitante du village. Une vidéo sur Internet le montre recouvert de bandages. Il remue la queue et manifeste sa joie, dès que quelqu'un lui parle. En dépit de ce qu'il a vécu, Mambo reste doux et gentil.

Il continue de faire confiance aux humains…

« Confiance des bêtes, foi imméritée, quand te détourneras-tu enfin de nous ? Est-ce que nous ne nous lasserons pas de décevoir, de tromper, de tourmenter la bête, avant qu'elle se lasse de s'en remettre à nous ? » interrogeait Colette*.

page 106
*« On est dans l'émotionnel ! » Voilà le reproche à la mode pour critiquer la défense des animaux. L'expression a été utilisée pour blâmer le référendum suisse proposant des avocats pour défendre les bêtes martyrisées. Lorsque des députés votent une loi pour défendre des enfants ou des personnes âgées, il ne vient à personne l'idée de leur reprocher d'être dans l'émotion !

**Bêtes*, éd. Hachette.

CHAPITRE 3

LES ANIMAUX DE L'AU-DELÀ

« … Pourquoi froisserais-je bruyamment la feuille condamnée, que guettait la chatte ? À quoi bon la rouler et la jeter au loin, puisque celle qui courait après la boule de papier, la chatte, n'est plus de ce monde… »

Colette

Je décidai d'abandonner ma quête religieuse et philosophique.
Les raisonnements tenus par les philosophes n'étaient que des spéculations intellectuelles qui ne prouvaient rien. Quant aux ecclésiastiques, ils interprétaient la Bible en fonction de leurs convictions. Il pouvait encore s'écouler des siècles avant que tous se mettent d'accord sur la survie des animaux.

TÉMOIGNAGES DIVERS

Ce qu'il me fallait trouver, c'était des faits, des témoignages. Mais des témoignages dignes de foi. C'est-à-dire qu'il me fallait éliminer les farfelus et les mythomanes. C'est une amie que je connais depuis 20 ans qui m'a apporté le premier témoignage. C'est une femme cartésienne à l'esprit pratique. C'est pourquoi j'ai été fort surprise lorsqu'elle m'a fait cette confidence :

- Je te parle de ça parce que tu écris un livre sur la survie éventuelle des animaux.
Je n'ai jamais raconté cette histoire à personne, de peur de passer pour une allumée.
Il y a quelques années, je venais d'emménager dans un appartement d'un vieux

quartier de Paris. Le soir, lorsque je me couchais, je sentais ma couverture s'enfoncer légèrement par endroits, comme si un être très léger marchait dessus. Je me levais, je rallumais, il n'y avait rien. Un matin que je parlais avec la concierge, celle-ci évoqua la locataire qui m'avait précédée. Elle me dit que c'était une vieille femme qui vivait avec un chat âgé et malade. Elle ajouta :
« Le pauvre chat, on l'a trouvé mort au pied du lit ! Il avait dû vouloir sauter sur le lit, comme tous les soirs et ce dernier effort l'a tué ! » J'ai été prise d'un violent frisson en entendant ces mots.
C'était ce chat décédé qui marchait la nuit sur ma couverture !
Stupéfiée par cette histoire, je lui ai demandé :
- Est-ce que tu crois que le fait de savoir qu'un chat était mort dans l'appartement aurait pu t'influencer ?
- Mais je l'ignorais !
Je l'ignorais. J'ai vécu cette expérience plusieurs semaines avant que la concierge me parle de ce chat ! Pendant des mois, j'ai dormi avec la lumière allumée et puis, peu à peu, le phénomène s'est estompé

pour disparaître complètement. J'ai décidé d'oublier cette histoire qui remettait en cause mes croyances les plus rationnelles.

Colette a souvent consulté des voyantes. Dans un de ses livres, elle raconte une histoire troublante*. Elle reçoit chez elle une voyante qui vient d'une lointaine banlieue. C'est une personne âgée et timide qui l'avertit honnêtement qu'elle ne « voit » pas toujours. La séance est, en effet, décevante car la voyante ne lui révèle rien de marquant, ni sur son passé ni sur son avenir. Cependant, à un moment, elle se penche en regardant vers le tapis :

« C'est votre gant qui est tombé ? » demande Colette.
« Elle ne répondit pas, chercha encore :
- Ah ! dit-elle, c'est une chatte.
- Comment ?
- C'est une chatte.
- Vous voyez une chatte ?
- Oui, elle vient de passer sous votre fauteuil et le mien. Depuis un moment, je me disais : " Qu'est-ce que c'est donc ? " C'est une chatte.
- Pourquoi pas un chat ?
Elle fit un geste d'ignorance.
- Je ne sais pas, madame.

*_L'Étoile Vesper_, Libraire Hachette.

On me dit “ une chatte ”.
- Comment est-elle ?
- Oh ! Elle n'est pas très jolie... Je veux dire qu'elle n'est pas comme ces gros beaux chats avec du long poil... Elle est grise tout unie.
- Vous la voyez en ce moment ?
- Oui. D'ailleurs c'est facile, elle est là tout le temps. Elle n'a pas envie de vous quitter, vous êtes tout pour elle.
- Vous la voyez bouger ?
- Bien sûr. Elle va, elle vient, elle se promène. Elle fait comme elle veut, puisqu'elle est morte.
- Vous savez depuis combien de temps elle est morte ?
- Non.

Elle se reprit, et ajouta tout de suite :

- Ça fait quatre ans.

- Mais vous venez de me dire que vous n'en saviez rien ?

- Je n'en savais rien, on vient de me le dire.

- Est-ce que c'est une voix que vous entendez ?

L'honnête voyante me regarda d'un air suppliant :

- Oui... non, ce n'est pas une voix ordinaire, je n'entends pas les mots, mais je comprends le sens... Je ne suis pas très adroite à m'expliquer..

Elle n'accepta qu'une somme modique et je lui rendis sa liberté. »

La chatte que la voyante a « vue » est celle que Colette appelait « la Chatte dernière ». Elle était si exceptionnelle que l'écrivain avait décidé qu'elle n'en aurait plus d'autre après elle. Colette raconta la vision de la voyante à son mari. Maurice Goudeket. Tous deux se félicitèrent de la présence silencieuse du petit fantôme, mais ne rappelèrent jamais la voyante. Colette expliqua pourquoi :

« Si son âme, vêtue d'une apparence "grise tout unie" hante encore notre logis, après quatre ans de trépas, et visible aux seuls yeux que trouble l'invisible, c'est que nous sommes restés dignes d'elle. Nous n'oublierons pas ce mot consolateur : "elle fait comme elle veut, puisqu'elle est morte". Et je me garderai de rappeler jamais l'humble voyante, de peur d'apprendre, de sa bouche, que la Chatte nous a, cette fois, quittés pour tout de bon. »

La révélation de la voyante troubla beaucoup Colette qui conclut son récit, en affirmant :

« Je crois n'avoir pas consulté, dans ma vie, plus de quatre ou cinq personnes douées de seconde vue. Mais j'ai plaisir à reconnaître que leurs dons divers avaient de quoi déconcerter notre vue humaine. Si l'avenir - le mien - m'eût rendue plus curieuse, j'aurais peut-être recherché plus souvent la rencontre de ces personnes exceptionnelles. »

TÉMOIGNAGE D'UN VÉTÉRINAIRE

Je connais bien le vétérinaire Philippe de Wailly pour l'avoir interviewé à plusieurs reprises. Lorsque je lui ai parlé d'une survie possible des animaux après leur mort, il m'a déclaré :

- Tout au long de ma carrière, j'ai recueilli de nombreux récits dans lesquels on voit surgir des apparitions ou des fantômes d'animaux familiers.

Plusieurs de mes clients m'ont affirmé, avec une bonne foi absolue, que leur chien, leur chat, voire leur cheval familier, s'était matérialisé sous leurs yeux après sa disparition.

D'autres sont persuadés que leurs disparus se sont manifestés à travers des animaux médiums qui leur ont permis de communiquer avec eux. Rien ne me permet de mettre leur témoignage en doute. Bien sûr, il n'y a pas de preuves proprement dites, mais il faut avouer qu'il y a quand même des faits bizarres !

Parmi les « faits bizarres » évoqués par Philippe de Wailly, dans un de ses livres*, il y a l'histoire arrivée à un ami, journaliste à *Télé 7 jours*. Ce dernier venait de perdre un chat âgé de 17 ans qui avait l'habitude de s'installer sur le lit. Deux ans après, il adopta un autre chat. Il se produisit, alors, un phénomène incroyable : lorsque le nouveau venu sautait sur le lit, il ne pouvait pas y rester ! Au bout de quelques secondes, il prenait la fuite en gémissant, la queue hérissée et les oreilles rabattues !

Le 6e sens des animaux, éd. du Rocher.

Le journaliste a déclaré à Philippe de Wailly :

- La scène s'est reproduite plusieurs fois. Tout se passait comme si le chat disparu refusait de céder sa place à son successeur ! Le plus impressionnant, c'est que, à plusieurs reprises, nous avons nous-mêmes (sa femme et lui) eu le sentiment très fort d'une puissance invisible...

En lisant cette histoire, j'ai d'abord cherché une explication rationnelle. L'odeur du premier chat avait peut-être imprégné la couverture du lit, ce qui aurait pu repousser le nouveau venu. J'ai vécu cette expérience avec Rubio, le chat de ma mère. Je lui avais donné un panier dans lequel Fripon avait dormi. Manifestement, l'odeur de Fripon ne plaisait pas à Rubio. À chaque fois qu'il passait devant le panier, il se mettait à gronder comme un chien ! Mais, la différence avec le chat du journaliste, c'est que Rubio n'a jamais manifesté de signes de terreur et qu'il n'a jamais eu envie d'entrer dans le panier.

Le chat du journaliste, lui, avait manifestement envie de s'installer sur le lit, jusqu'au moment où quelque chose

d'effrayant le faisait fuir…
Par acquis de conscience, j'ai quand même posé la question à Philippe de Wailly :

- Admettons que l'odeur du premier chat soit restée sur la couverture du lit. Est-ce que le chat nouvellement arrivé n'aurait pas pu avoir, tout simplement, peur de cette odeur ?

- Après la mort de son premier chat, mon ami a attendu deux ans avant d'adopter le deuxième ! Je suppose qu'en deux ans, la couverture a dû être nettoyée un certain nombre de fois !

- Donc ce n'était pas une odeur qui terrifiait ce chat…

- L'hypothèse semble exclue.

Il faut se rendre à l'évidence : quelque chose d'invisible, aux yeux de ses maîtres, épouvantait ce malheureux chat.

Philippe de Wailly m'a raconté une histoire aussi troublante sur « Karoun », un magnifique persan qu'il a soigné.
Il appartenait à Mme Perrault qui était une amie de Jean Cocteau. Ce dernier avait choisi Karoun, pour réaliser le masque de Jean Marais dans le film *La Belle et la Bête*. Karoun vivait donc avec sa maîtresse et une petite chienne qui s'appelait Sarah.

La petite chienne tomba gravement malade et Philippe de Wailly la mit sous surveillance, dans sa clinique. Un matin, Karoum fit preuve d'une angoisse inhabituelle : le dos arqué, la queue hérissée, il fixait quelque chose d'invisible qui semblait l'épouvanter.
Sa maîtresse n'y comprenait rien ! Or, ce matin-là, Sarah, la chienne, venait de mourir à la clinique. Mme Perrault l'ignorait encore. Le comportement terrifié de Karoun continua durant plusieurs jours, à peu près à la même heure, puis tout rentra dans l'ordre…

Si, en tant que journaliste, je me borne à relater des faits et des témoignages, racontés par des gens qui semblent dignes de foi, j'essaye toujours de chercher une explication qui ne devrait rien au surnaturel. Dans ce récit, Karoun aurait pu sentir le chagrin de sa maîtresse et manifester une forme d'angoisse. Ce n'est pourtant pas cela, puisque lorsque Karoun eut ce comportement étrange, Mme Perrault ignorait encore la mort de Sarah. Une chose me surprend toutefois. Si Karoun voyait… allons, osons le nom, le « fantôme » de Sarah, pour quelle raison crachait-il puisqu'il

connaissait cette chienne ?
Il me revient alors un souvenir.
Rubens, mon persan, vivait en bonne intelligence avec Fripon. SAUF les jours où Fripon revenait de chez le vétérinaire. Rubens lui fonçait dessus en grondant !
Je n'en revenais pas, Fripon non plus d'ailleurs.
Il se cachait sous un meuble en attendant que Rubens se calme.
En fait, Fripon revenait chargé d'odeurs : celle du vétérinaire, celle des bêtes de la salle d'attente et celle de la peur qui mouillait ses pattes. Rubens ne reconnaissait pas l'odeur habituelle de Fripon. Pour lui, c'était un chat étranger.
Pour les chats, l'odorat prime sur le visuel. (Ce qui les rend, sur ce point, différents de nous.) Si l'on admet l'hypothèse que c'est bien le fantôme de Sarah qui se manifestait à Karoun, on peut comprendre sa peur et son agressivité.
Une fois morte la petite chienne n'avait plus d'odeur et il ne LA RECONNAISSAIT PAS !

Parmi les témoignages de gens dignes de foi, il y a celui d'un chauffeur de taxi, Jean-Claude, que je connais depuis dix ans. C'est lui qui venait me chercher le matin, lorsque je prenais le train ou l'avion pour partir en

reportage. Il possédait une chienne, une petite yorkshire, qui avait atteint l'âge respectable de 16 ans. Elle dormait le jour et demandait à faire ses besoins la nuit. Si bien que Jean-Claude était obligé de se lever à 3 heures du matin.
Un jour, je l'ai appelé pour avoir des nouvelles. Il m'a raconté, des larmes dans la voix :
- Je viens de vivre une tragédie. Je suis parti à la boulangerie et j'ai attaché Juju, ma chienne, à un poteau. Lorsque je suis ressorti, j'ai vu qu'elle se roulait dans l'herbe. Je l'ai ramassée, elle saignait de l'oreille, j'ai compris qu'elle venait de se faire heurter par un camion qui manœuvrait et qui ne l'avait pas vue. Elle est morte entre mes mains. Ma femme et moi nous n'arrêtons pas de pleurer.

Il m'a alors expliqué que, depuis la mort de sa petite chienne, il se passait des phénomènes curieux :
- Vous me connaissez ? Je suis plutôt quelqu'un de rationnel. Eh bien, toutes les nuits, à 3 heures du matin, l'heure où je la sortais, j'entends Juju qui m'appelle. Je l'entends aboyer ! Il y a

autre chose : le soir lorsque je jouais aux cartes avec ma femme, la chienne se couchait sur ses pieds ; ma femme continue de sentir son poids sur ses pieds, alors que Juju est morte depuis une semaine...

Ce témoignage s'ajoute à ceux des maîtres qui sentent la présence de leur animal décédé, dans l'appartement, ou qui ne s'assoient pas dans le fauteuil où il dormait, parce qu'ils pensent qu'il l'occupe encore...

Ernest Bozzano, lui aussi, se bornait à recenser des faits sans prendre partie. Au début du XXe siècle, ce scientifique italien était un chercheur en parapsychologie. Pendant 30 ans, Ernest Bozzano classa, sous forme de fiches, tout ce qu'il lut et étudia sur les phénomènes paranormaux. Ces milliers de fiches recensaient tous les cas de manifestations d'humains ou d'animaux après leur mort. Ces témoignages provenaient de tous les coins du monde...

Les livres de cet auteur sont très recherchés par les amateurs du genre, car ils sont traités de façon rigoureuse et objective. S'il a consacré

plusieurs ouvrages à l'étude des manifestations des défunts*, il a été un des rares à s'intéresser à la survie des animaux.
Son livre *Les manifestations métapsychiques des animaux*** constitue la première classification méthodique des phénomènes psychiques liés aux animaux.
Il s'agit d'une étude qui recense 130 cas de médiumnité animale. Cette étude démontre que, au même titre que les humains, les animaux survivent à leur mort physique et qu'ils sont sensibles aux phénomènes psychiques.

Ce dernier livre se divise en plusieurs catégories :

- Les épisodes télépathiques dans lesquels un animal joue un rôle.
- Les épisodes où l'animal perçoit, en même temps que l'homme, des manifestations supranormales.
- Les apparitions de fantômes animaux identifiés.

Tous ces cas ont été soigneusement recueillis, classifiés, étudiés par Ernest Bozzano. À ma connaissance, ce genre d'étude n'avait jamais été fait avant lui et n'a jamais été refait depuis lors.
Dommage… Dans son livre**, il cite le témoignage étonnant de deux sœurs (B. J. et H.J. Green)

**Les Phénomènes de hantise*, éd. Exergue.
***Les Manifestations métapsychiques des animaux, éd. JMG.*

qui ont écrit à la Society for Psychical Research de Londres. Elles possédaient une chatte de race persane qui s'appelait Smoky. Après un accident, elle marchait en boitant, le corps courbé d'un côté. Elle tomba malade et mourut. Le jardinier l'enterra dans le jardin et planta sur sa tombe une plante de dahlia.

La suite est racontée par la sœur, B.J. Green : « Le mardi 6 juillet 1909, j'étais à table avec ma sœur à déjeuner et je lisais à haute voix une lettre. Je tournais le dos à la fenêtre qui était à la gauche de ma sœur. Tout à coup, je vis que celle-ci regardait hors de la fenêtre avec une expression d'étonnement presque mêlé à de la peur.

J'ai demandé : " Qu'est-ce que qu'il y a ? "

- Elle répondit : " Je vois Smoky qui marche au milieu de l'herbe. "

Nous nous précipitâmes à la fenêtre et nous aperçûmes effectivement Smoky qui semblait très malade, le poil hérissé et les yeux hagards.

Elle marchait en boitant à travers la plate-bande en face de la fenêtre, à trois ou quatre mètres de nous. Ma sœur l'appela, mais comme la chatte ne paraissait pas entendre, elle courut vers elle en continuant à l'appeler.

Je restai à la fenêtre et je vis la chatte s'acheminer dans une allée qui conduit au fond du jardin. Ma sœur la suivit, en l'appelant toujours, mais, à son grand étonnement, Smoky ne se retourna jamais, comme si elle n'entendait point. À un certain moment, elle s'introduisit dans un buisson et ma sœur ne la vit plus. Après une dizaine de minutes, ma sœur et une amie, qui séjournait pour quelque temps dans notre maison, virent de nouveau Smoky qui marchait dans la haie, en face de la fenêtre. Ma sœur sortit pour aller la rejoindre, mais ne la vit plus. Après une demi-heure, elle apparut dans le couloir qui mène à la cuisine et fut vue par la bonne, qui prit un bol de lait et alla vers elle pour le lui donner. Mais la chatte continua son chemin en sortant dans le jardin et en disparaissant devant cette femme. Alors nous nous sommes enquis auprès des voisins pour savoir s'ils n'avaient pas vu une chatte ressemblant à notre Smoky : personne n'avait rien vu. La conséquence de ces visions a été que nous nous sommes demandé s'il n'y avait pas eu d'équivoque au sujet du décès de la chatte, bien que notre amie, le jardinier et une jeune domestique en eussent vu le cadavre. Le jardinier fut même si indigné de notre supposition qu'il n'eut pas enterré la chatte, qu'il alla déraciner la plante de dahlia et exhumer le cadavre de Smoky !

Nous ne savons que penser de cet événement qui a eu quatre témoins : Miss B. J. Green, Miss H. L. Green, Miss Smith et Kathleen B., la domestique. Ma sœur dit que, lorsqu'elle suivit la chatte la première fois, elle marchait plutôt vite, mais en boitant d'un côté comme elle faisait avant sa mort.
La chatte n'a pas sauté le mur d'enceinte. Elle a disparu quand elle était près de ce mur. »
En analysant ce cas étrange, Ernest Bozzano élimina plusieurs hypothèses :
- celle de l'hallucination collective : les quatre personnes qui avaient vu Smoky l'avaient vue à des moments différents et pas ensemble.
- celle de la vision d'une chatte vivante qui aurait été prise pour la chatte décédée : dans le cas en question, il s'agissait d'une chatte persane dont la robe longue est caractéristique.
Il semble absurde que quatre personnes, en pleine lumière du jour, aient pu se tromper dans l'identification. Ensuite, parce

que la chatte apparue marchait en boitant, précisément comme la bête morte. Enfin il ne faut pas oublier que la chatte a disparu à plusieurs reprises devant les témoins, d'une manière subite et inexplicable.

Ernest Bozzano termine sa démonstration en affirmant : « On est obligé de conclure que l'épisode dont il s'agit est bien un exemple authentique d'apparition du fantôme d'un animal défunt. »

Ernest Bozzano évoque une autre histoire publiée dans le *Light*. Une dame arrivant de l'étranger loua une vieille maison à Londres qui était envahie par les souris. (Nous sommes en 1921.) Une amie lui prêta une chatte qui chassa les souris. La nuit elle dormait dans le lit de cette dame, qui raconte :
« J'aime beaucoup la gent féline et la chatte répondait avec effusion à mes tendresses.
Elle dormait dans mon lit, mettait les pattes de devant autour de mon cou, en ronronnant si fort qu'elle m'empêchait de dormir.

Malheureusement, elle tomba malade et, un soir, en rentrant chez moi, à dix heures, je la trouvai morte, à ma grande et douloureuse surprise.

Cette nuit même, les souris recommencèrent leurs ébats. N'osant par dormir en cette compagnie, j'allumai une veilleuse et je me cachai sous les draps, parce que la présence de petits rongeurs me causait dégoût et peur. Tout à coup, j'ai entendu la chatte ronronner bruyamment. J'ai écouté durant une minute environ, après quoi je me suis décidée à lever la tête et à regarder, voulant me rendre compte du fait étrange. J'ai vu sur le lit, au niveau de ma tête, une sorte de disque opaque, dans le centre duquel s'est développée petit à petit la forme de la chatte blanche et noire, absolument identique à celle qui venait de mourir. Elle me regarda en faisant plusieurs fois un mouvement de tête à la manière caractéristique de la chatte décédée. Ensuite son corps devint transparent durant quelques secondes, mais aussitôt il prit une forme opaque plus consistante qu'auparavant. Alors je vis la chatte regarder en haut, comme s'il y avait quelqu'un. L'apparition était si réelle que j'ai adressé la parole à la chatte comme lorsqu'elle était en vie. Mais soudain elle s'est évanouie. Dans son ensemble, le phénomène a été de courte durée ; mais durant toute la nuit, je n'ai plus été dérangée par les souris, quoique je ne sois parvenue à m'endormir que par intervalles. Aucune possibilité qu'un autre chat se fût introduit dans la chambre, car la porte et les fenêtres étaient bien fermées. D'ailleurs, le matin venu, je n'ai trouvé aucun chat vivant dans la chambre. Quand le phénomène s'est produit, je ne m'étais pas encore endormie. J'étais pleinement consciente d'être éveillée. »

En analysant ce cas, Ernest Bozzano estime que cette dame a réellement assisté à un début de matérialisation animale. Ce qui lui fait rejeter l'hypothèse de l'hallucination, c'est que les souris ne se sont plus manifestées de la nuit, comme si elles avaient perçu, elles aussi, l'apparition de la chatte...

J'ai interrogé une médium, qui ne tient pas à donner son nom. Lorsque je lui ai demandé ce qu'elle pensait de la survie des animaux, en particulier de nos compagnons familiers, elle m'a répondu :

- Lorsqu'une personne vient me voir pour tenter de communiquer avec un défunt, il arrive que son chien ou son chat, mort avant lui, se présente. J'ai eu ce cas dernièrement, avec une dame qui est venue me parler de son mari décédé. En me concentrant sur sa photo, j'ai « vu » un grand chien noir et blanc. La dame m'a dit : « Nous avons eu un chien noir et blanc qui s'appelait Jacky, il est mort avant mon mari. Celui-ci l'aimait beaucoup. Je ne pensais plus à lui car il y a longtemps que ce chien est mort. »

Hélène Bouvier, une médium très célèbre au siècle dernier, voyait aussi les animaux familiers des gens décédés. Les proches de ces défunts, venus la consulter, lui confirmaient que ces animaux avaient existé. Elle précisait qu'elle avait scandalisé beaucoup de gens, en affirmant que les animaux survivaient après leur mort. Ces gens-là voulaient bien admettre le principe d'éternité pour eux-mêmes, mais pas pour les bêtes !

Il reste à savoir si ces voyances constituent de véritables preuves de survie animalière, ou si les médiums perçoivent par télépathie ce qu'il y a dans la mémoire de leurs clients.

APPARITIONS D'ANIMAUX FAMILIERS DANS LES N. D. E.

Le terme N.D.E. (Near Death Experience) est un néologisme inventé par un psychiatre, Raymond Moody. En Français, on le traduit par : « expérience de mort imminente». En 1975, son livre *La Vie après la vie** a connu un succès mondial. Des gens qui avaient été déclarés morts, c'est-à-dire dont l'électro-encéphalogramme était plat durant plusieurs minutes, racontaient ce qui leur était arrivé pendant cette période. Les témoignages émanaient de gens d'âge, de sexe, de pays et de religion différents et TOUS

* *La Vie après la vie*, éd. Robert Laffont

avaient vécu la même histoire : aspirés dans un tunnel obscur, ils avaient débouché dans une lumière bienveillante. Un être de lumière irradiant d'amour les avait interrogés sur leur vie. Dans cette lumière, certains avaient reconnu des proches décédés avant eux. De retour à la vie, cette expérience spirituelle avait bouleversé leur conception du monde.

Depuis la nuit des temps, certaines religions ou certains textes, comme le *Livre des morts tibétains* ou le *Livre des morts égyptiens*, évoquent ce qui se passe après la mort. Mais ce sont des textes sacrés, écrits il y a des siècles ; l'ouvrage de Raymond Moody présentait des témoignages modernes, vécus par Monsieur et Madame tout le monde !

L'impact de ce livre a été considérable. Des langues se sont déliées, des médecins, des cardiologues ont relaté des faits étranges. Certains patients considérés comme morts racontaient tout ce qui s'était dit à leur chevet, ou, plus étrange encore, ce qui s'était passé dans la pièce d'à côté ! Beaucoup de particuliers qui avaient vécu une N.D.E. et qui n'osaient pas en parler s'exprimaient enfin !

Certains scientifiques, qui réfutent l'idée même de la survie, émettent une hypothèse : au moment de la mort, le cerveau libérerait des substances chimiques qui induiraient ce délire onirique. Oui, mais voilà, le cerveau de ces gens-là est MORT ! Pendant la période où ils affirment avoir rencontré la lumière ou leurs proches décédés, leur electro-encéphalogramme et leur electrocardiogramme étaient complètement plats ! Il ne peut donc pas y avoir de substances chimiques ou médicamenteuses influençant leur cerveau, puisque ce dernier ne fonctionne plus ! Certains témoins déclarent même qu'ils ont vu se dérouler toute leur vie, alors que leur « mort » n'avait duré que quelques secondes ! Un grand nombre de scientifiques et d'intellectuels se sont intéressés à ce phénomène. Le cinéma s'en est emparé. Dans les années 90, des films comme *L'Expérience interdite* de Joël Schumacher ont exploité ce filon. Dans ce film, un étudiant en médecine veut vivre une N.D.E. pour comprendre ce qui se passe après la mort. Il expose son projet à ses amis du centre hospitalier. Grâce à une machine qui leur provoque un arrêt cardiaque, ils vivront une expérience de mort imminente… En 1994, Bernard Werber publiait *Les Thanatonautes** (explorateurs de la mort). Ce livre raconte l'histoire d'un médecin anesthésiste et de son ami, chercheur au CNRS, qui décident d'explorer l'au-delà. Dans ce but, ils choisissent des volontaires prêts à se soumettre à des expériences de mort imminente.

Les témoignages de ceux qui ont vécu une N.D.E. m'inspirent certaines réflexions. Ils évoquent une vitesse prodigieuse qui les propulse dans un tunnel. Je me suis souvent demandé si toutes les activités sportives ou professionnelles basées sur la vitesse, n'étaient pas une recherche inconsciente de cette expérience finale. En ce qui concerne la phrase de l'être de lumière qui leur demande : « Qu'as-tu fait de ta vie ? », je suis très étonnée qu'il n'y ait pas de rebelle pour lui rétorquer : « Et toi, qu'as-tu fait de la mienne ?! » (Pardon pour cette réflexion de mécréante.)

***Les Thanatonautes*, éd. Albin Michel

Je n'ai jamais eu de N.D.E. Cependant, à quatre ans, j'ai vécu une expérience singulière.

Le 25 décembre au matin, j'attendais que mes parents veuillent bien m'ouvrir la porte de leur chambre qui avait une cheminée. C'est par là que le Père Noël descendait pour m'apporter ses cadeaux. Impatiente, je trépignais dans le couloir en attendant la permission d'entrer. Lorsque j'ai ouvert, la chambre était encore plongée dans le noir. Ma mère avait allumé des bougies sur la cheminée. Et quand j'ai vu CETTE LUMIÈRE, j'ai éclaté en sanglots. Stupéfaits, mes parents me montraient le nounours, la dînette. Est-ce que ce n'était pas ce que j'avais commandé au Père Noël ?
Je pleurais. Misérablement. Je ne voyais qu'ELLE, cette lumière vacillante portée par des bougies.
J'ai oublié bien des faits de ce matin-là, mais pas le sentiment de nostalgie poignante qui me tordait. C'était comme si j'avais été, brutalement, remise en présence d'une chose que je croyais perdue à tout jamais. Lorsque j'essaye aujourd'hui d'expliquer, de mettre des mots sur cette sensation, l'émotion

revient et j'ai les larmes aux yeux.

À chaque fois que je lis le déroulement d'une N.D.E. avec des êtres de lumière qui ressemblent « à des flammes de bougie», je repense à ce que j'ai vécu un matin de Noël, l'année de mes quatre ans. Ces flammes de bougies allumées par ma mère symbolisaient-elles pour moi un monde disparu ?

Les N.D.E. prouvent qu'une forme d'énergie subsiste après notre mort. Je pense qu'elle doit subsister pour les animaux aussi. Il serait peu logique de penser que nous survivons alors qu'ils retournent au néant ! Si les gens retrouvent des proches décédés, pourquoi pas leurs animaux familiers ? Je me suis donc mise en quête de témoignages de personnes ayant retrouvé des animaux au cours d'une N.D.E.

J'ai commencé par interroger le docteur Jean-Jacques Charbonier. Anesthésiste réanimateur, il est l'auteur de plusieurs ouvrages sur les N.D.E. Sa profession l'a confronté à certains faits et témoignages qui l'ont convaincu de l'existence d'une vie après la mort*. Je lui ai demandé sa position en ce qui

Les Preuves scientifiques d'une vie après la vie, éd.Exergue.

concerne une survie éventuelle des animaux :
- Si on définit la conscience comme la perception et l'intégration, au niveau cognitif, de tout ce qui nous environne et que l'on prouve que la conscience continue lorsque le cerveau s'arrête de fonctionner, il n'y a pas de raison que cela ne soit pas valable aussi pour les animaux. Cela ne me choquerait pas d'apprendre qu'il y a aussi une « vie après la vie » pour eux !
- Avez-vous recueilli des témoignages à ce sujet ?
- Dans les associations d'aide aux personnes en deuil, certains médiums interviennent. Ils donnent des détails très précis des défunts et évoquent, parfois, le chien ou le chat décédé, qui faisait partie de la vie du disparu. Il y a même des oiseaux, je me souviens notamment d'un médium qui voyait le perroquet d'une personne décédée.
- Est-ce que ces médiums n'auraient pas, tout simplement, un don télépathique qui leur permettrait de lire dans la mémoire des participants ?
- Je me suis effectivement interrogé sur leurs capacités

médiumniques. Il y a des cas où la télépathie n'est pas possible : quand un médium révèle à un proche quelque chose qu'il ignorait sur le défunt. Souvent, après vérification, ce proche confirme que ce que le médium lui a appris sur le disparu était vrai !

- Avez-vous d'autres cas prouvant la survie éventuelle des animaux ?

- Une institutrice, qui était très proche de son chat, m'a dit qu'elle avait vécu physiquement la sortie du corps de l'animal au moment de son décès.

- Vous voulez dire qu'elle l'a ressentie dans son propre corps ?

- Oui. Dans mon prochain livre*, je citerai des témoignages de personnes ayant eu une perception, soit visuelle, soit physique, de la mort d'un tiers.

- Qu'est-ce qui vous fait penser que cette jeune femme est crédible ?

- Depuis que je m'intéresse aux N.D.E. et au monde des médiums, j'ai rencontré un certain nombre d'« allumés », de farfelus. Cependant, il faut faire preuve de discernement. Il y a des gens censés et

*La médecine et l'au-delà. Ed. Exergue (à paraître en en octobre 2010) cohérents qui ont vécu de réelles expériences. Tous les témoignages (non anonymes !) relatés dans ce livre sont des gens qui ont des responsabilités sociales : médecins, aides soignantes, professeurs d'école. Ils sont parfaitement crédibles.

Étienne Drapeau est rédacteur en chef de *La revue de l'au-delà**. Il organise des conférences, qui proposent, en seconde partie, l'intervention d'un médium. Comme le docteur Charbonier, il a recueilli des témoignages assez troublants sur la survie des animaux :

- On retrouve beaucoup d'animaux euthanasiés venus dire, par l'intermédiaire du médium, à leurs maîtres : « Tu ne dois pas avoir de remords de m'avoir euthanasié. Tu m'as épargné beaucoup de souffrance. » Ça fait du bien aux maîtres d'entendre cela.

*Par abonnement : éd. Menssana, 24 rue de l'Aude, 75014 Paris.

Certains sont tellement culpabilisés d'avoir fait piquer leur animal qu'ils n'en dorment plus !

- Je vais vous poser la même question qu'au Dr Charbonier. Qu'est-ce qui prouve qu'il n'y a pas de transmission de pensée entre le médium et les participants ? Le médium lirait simplement dans leur mémoire...

- Dans ces conférences, il y a toujours entre 70 et 80 personnes ! Il faudrait qu'il lise en même temps dans les pensées de tous ces gens ! Et puis, au départ, les gens viennent pour retrouver des proches décédés, ils sont eux-mêmes étonnés que ce soit un animal qui se présente.
Il y a quand même des cas extraordinaires impossibles à inventer. À la derrière conférence, la médium a senti la présence d'un lion !

Stupéfiée (ça se passait en France !), elle a demandé si, dans la salle, quelqu'un avait eu une relation privilégiée avec un lion. Un petit monsieur a levé le doigt. Il était vétérinaire en Afrique. Il avait recueilli un lion blessé d'un coup de sagaie. Il l'avait endormi, soigné, et le lion était reparti

clopin-clopant. Il ne l'avait jamais revu.
- Est-ce qu'il y a beaucoup d'animaux appartenant à la faune sauvage qui se présentent ?
- C'est assez rare.
Les animaux qui se manifestent sont des animaux familiers, comme les chiens et les chats qui ont eu un lien affectif très fort avec les participants. Au mois d'octobre, j'organise « Les Journées de la survivance* ». Parmi les invités il y aura une médium, Laila del Monte. Elle communique avec les animaux décédés et donnent des détails que seuls l'animal et son maître peuvent connaître !

Les témoignages d'Étienne Drapeau et du docteur Charbonier me paraissaient intéressants. Cependant, ce que je recherchais, c'était le récit d'une personne ayant retrouvé des animaux au cours d'une N.D.E. Des amis m'avaient parlé d'une jeune femme de leur connaissance, qui avait vécu ce type d'expérience.

Je l'ai rencontrée dans un café, près de la Gare Saint-Lazare. Elle m'a demandé de respecter son anonymat dans mon livre, en

* 9-10 octobre 2010 : salle Adyar, 4, Square Rapp, 75007 Paris.

m'expliquant qu'elle était directrice d'une agence bancaire. Elle craignait que son témoignage lui porte préjudice auprès de ses supérieurs ou de ses clients. (C'est dire l'ouverture d'esprit que nous avons en France, sur ces phénomènes !) Elle m'a raconté, en cherchant ses mots, ce qui lui était arrivé. Je dis « en cherchant ses mots », car elle m'a confié que ce qu'elle avait vécu était du domaine de l'indicible.

- Lorsque j'avais vingt-cinq ans, une voiture m'a heurtée alors que je traversais la rue. Ce dont je me souviens le mieux, c'est la sortie de mon corps à une allure vertigineuse. J'ai senti que je montais vers une source lumineuse et que j'avais envie de la rejoindre. À mes côtés, j'ai senti la présence de ma chienne, Diane, qui était morte, lorsque j'avais dix ans.

- Vous l'avez vue physiquement ?

- Non. Je sentais sa présence et je savais que c'était Diane. Dans la vie, c'était une chienne douce, calme et patiente. Dans mon expérience, elle m'est apparue sous la forme d'une sorte de boule d'énergie lumineuse, d'où émanait une grande douceur. C'est cette douceur particulière de Diane que j'ai reconnue. À ce moment, j'ai vu auprès de moi ma grand-mère maternelle qui était décédée, quelques années avant. Elle m'a dit que je devais retourner, qu'il ne fallait pas aller plus loin.

- Votre grand-mère apparaissait-elle sous des traits familiers ?

- Je ne m'en souviens plus. J'ai oublié beaucoup de choses, car j'ai plutôt refoulé ce qui m'est arrivé. Je me rappelle, toutefois, que lorsque j'ai regagné mon corps, j'ai ressenti une grande souffrance physique et l'impression d'étouffer comme si j'avais un vêtement trop petit.

- Est-ce que cette expérience a été positive dans votre vie ?

- Oui et non. Elle a été positive parce que je sais que, après ma mort, je retrouverai des gens et des animaux qui ont compté pour moi ; elle a été négative, parce que j'ai perdu une certaine liberté de comportement.

- De quel genre de comportement parlez-vous ?

- Avant, je me sentais libre d'agir comme bon me semblait, libre de mentir, d'envoyer promener les gens, si ça me chantait ; à présent, je m'efforce d'être meilleure, mais je ne sais pas si c'est un réel désir de m'améliorer ou la peur de ce qui m'attend là-haut...

- Vous le ressentez sous forme de peur ?

- Pas exactement, car l'expérience de ma montée vers la lumière a été puissante et belle, mais je suis persuadée que nous aurons des comptes à rendre, après notre mort.

- Vous arrive-t-il de repenser à votre chienne ?

- Oui, car si j'ai oublié beaucoup de choses de mon expérience de mort imminente, je garde le souvenir précis de la présence douce et bienveillante de ma chienne. Lorsque je vais mal, j'évoque ce souvenir qui me rassure.

Le docteur Melvin Morse, professeur à l'Université de Washington, est un pédiatre urgentiste célèbre aux États-Unis, pour ses recherches aux frontières de la mort. Son métier lui a permis d'entrer en contact avec des enfants qui ont vécu une N.D.E. Il a consacré plusieurs livres et articles relatant les témoignages de ces enfants. Les interviews des enfants sont filmées pour respecter leurs mots et leur expression faciale. Dans un de ses livres*, il relate la N.D.E d'un enfant dont le corps inerte venait d'être amené à l'hôpital en hélicoptère. L'enfant, âgé de quatre ans, s'appelait Chris. La voiture conduite par son père avait quitté un pont et plongé dans l'eau glacée d'une rivière. Son frère Johnny et sa mère Patti s'étaient extirpés de la voiture, mais le père était mort. Chris lutta contre l'eau qui l'enveloppait, puis il perdit connaissance dans l'eau glacée. Il raconta comment il « alla au ciel » au Docteur Morse :
« Quand je suis mort, je suis entré dans une sorte d'énorme nouille, pas une nouille torsadée mais une bien droite comme un tunnel. Quand j'en ai parlé à maman, je lui ai dit que c'était une nouille mais maintenant je

* *Le Contact divin*, éd. Le Jardin des livres.

crois que ça devait être un tunnel, parce qu'il y avait un arc-en-ciel à l'intérieur et je pense qu'il n'y a pas d'arc-en-ciel dans les nouilles. Il y avait du vent qui me poussait et je me sentais flotter. J'ai vu deux petits tunnels devant moi. L'un des tunnels était le paradis des animaux, l'autre celui des hommes. Je suis d'abord allé dans le paradis des animaux où il y avait beaucoup de fleurs, et aussi une abeille. L'abeille me parlait et tous les deux, nous sentions les fleurs. Elle était très jolie, et elle m'a apporté du pain et du miel parce que j'avais vraiment faim. Puis je suis allé au paradis des hommes et j'ai vu ma grand-mère (morte plusieurs années auparavant). »

Le docteur Melvin Morse précise :

« Chris était resté sous l'eau plus de dix minutes avant que Dennis Johnson, un charpentier qui avait assisté à l'accident, plonge et replonge pour l'arracher du siège arrière et le ramener à la vie grâce au bouche-à-bouche. »

« Je suis sûr qu'il était mort quand j'ai rejoint la rive. Il ne respirait plus du tout. Mais je voulais absolument tenter de le ranimer », déclara Johnson, à qui son acte valut la médaille Carnegie de l'Héroïsme ainsi que l'insigne du Mérite de la Patrouille de l'État de Washington. Chris fut ensuite héliporté jusqu'à l'hôpital le plus proche où de nouveaux efforts héroïques furent nécessaires pour le conserver en vie. »

L'enfant parle d'un paradis pour animaux, différent de celui des humains. J'ai déjà entendu cette version dans la bouche de quelques médiums. Cette sorte de « ségrégation » entre les humains et les animaux, après leur mort, me laisse perplexe. Pourtant, ce témoignage enfantin est confirmé par un autre témoignage, celui de Pierre Monnier, un officier mort à la guerre en 1915. Après sa mort, sa mère reçu des messages de lui, dictés en écriture automatique, d'une haute tenue spirituelle.
Ses messages se présentaient sous forme de lettres*. Une d'entre elles**, dictée à sa mère qui venait de perdre son chien, évoque le sort des animaux après leur mort :
« Pauvre petite Maman, je vois ton chagrin… Pourtant, eux non plus, « ces petits frères inférieurs » (ainsi que vous les appelez très justement), ne meurent pas pour le néant, mais pour une vie plus heureuse et supérieure à leur

*_Lettres de Pierre_, éd. F.Sorlot-Lanore
**_11 septembre 1919_

condition terrestre. Pourquoi veux-tu que Dieu ne s'intéresse point à ces petits êtres que Sa volonté créatrice a mis auprès des hommes ? Christ vous a dit : "Pas un passereau ne tombe sans la volonté de Dieu",(...) Je te l'ai déjà dit, ces modestes amis si fidèles ne restent pas non plus dans le tombeau, et s'ils n'arrivent jamais aux hautes sphères spirituelles, ils ont cependant ce que vous pourriez appeler un "paradis" qui est fait pour eux. »

Pierre Monnier explique à sa mère que le chien qu'elle vient de perdre l'a rejoint dans l'éternité et qu'il se trouve à ses côtés. Il précise même que, de son vivant, le chien sentait sa présence :

« Le bon petit chien qui est venu me rejoindre n'avait jamais réellement perdu le contact avec moi, puisqu'il me voyait bien souvent ; en effet, leurs sens psychiques sont très développés. »

Il explique également que : « parmi les âmes primaires des animaux, celles des chiens sont particulièrement avancées », en raison des qualités d'affection et de dévouement qu'ils possèdent. C'est ce potentiel d'amour qui leur permet d'échapper au néant. Car, que l'âme soit évoluée ou non, « Dieu ne permet jamais la disparition absolue de l'étincelle d'amour ».

NOS ANIMAUX FAMILIERS SE RÉINCARNENT-ILS ?

Yogi, philosophe et poète, Sri Aurobindo considérait que l'homme n'avait pas fini son évolution. Son yoga proposait une transformation physiologique et spirituelle, débouchant sur une conscience nouvelle : la conscience supramentale. J'ai lu *La Vie divine* de Sri Aurobindo, englouti les 13 tomes de *L'Agenda de la Mère*, dévoré les livres de son disciple, Satprem. Et... j'ai honte d'avouer que je n'ai toujours pas compris comment on pouvait concrètement faire descendre

le supramental dans le corps ! Mais bon, ce n'est pas le propos de mon livre.
La compagne de Sri Aurobindo, Mirra Alfassa, qu'on appelait la Mère, aimait beaucoup les animaux. Elle croyait en leur réincarnation, au même titre que les humains. À l'Ashram de Pondichéry, elle faisait la classe aux enfants et racontait des anecdotes*, comme celle qui suit :
« Chez les animaux, il y a quelquefois une vérité psychique très intense. Naturellement, je pense que l'être psychique est un peu plus formé, un peu plus conscient chez un enfant que chez un animal. Mais j'ai fait des expériences avec les animaux, justement pour savoir ; eh bien, je vous assure que j'ai rarement rencontré chez les êtres humains certaines vertus que j'ai vues chez les animaux, des vertus très simples et sans prétention. Comme chez les chats par exemple. J'ai beaucoup étudié les chats. Si on les connaît bien, ce sont des êtres merveilleux. J'ai connu des mères chattes qui se sont sacrifiées totalement pour leurs enfants. Les gens parlent de l'amour maternel avec tant d'admiration, comme si c'était un privilège, purement humain,

**La Mère raconte*, éd. Sri Aurobindo.

mais j'ai vu cet amour se manifester chez des mères chattes, à un degré qui dépasse de beaucoup l'humanité ordinaire. J'ai vu une mère chatte qui ne touchait jamais sa nourriture tant que ses enfants n'avaient pas pris tout ce qui leur fallait. J'ai vu une autre chatte qui est restée huit jours auprès de ses petits sans satisfaire ses besoins, parce qu'elle avait peur de les laisser seuls (…) Et pourquoi est-ce comme cela ? Parce qu'il n'y a avait pas l'intervention du mental. C'était tout à fait l'instinct spontané. Mais qu'est-ce que l'instinct ? C'est la présence du Divin dans le génie de l'espèce et cela c'est le psychisme des animaux, un psychisme collectif, pas individuel.
J'ai vu toutes les réactions émotives, affectives, sentimentales chez les animaux, tous ces sentiments dont les hommes sont si fiers. La seule différence est qu'ils ne peuvent pas en parler et pas écrire, alors nous les considérons comme des êtres inférieurs, parce qu'ils ne peuvent pas nous inonder de livres sur ce qu'ils ont senti. »
Un enfant demande alors, si ces animaux extraordinaires, reviennent, après leur mort dans un corps humain. Mère lui

explique que certains animaux sont arrivés à un tel degré d'évolution qu'une partie de leur psychisme peut se réincarner dans un être humain. Elle donne en exemple son chat préféré, Kiki :
« Ah ! Il y avait un chat qui s'appelait Kiki. Celui-là était admirable (...) Quand on s'assemblait pour la méditation, ce chat venait toujours et il s'installait sur le fauteuil et littéralement, il entrait en transe. Il ne dormait pas, il n'était pas endormi, il était en transe, vraiment, et il en donnait les signes. Il avait des mouvements étonnants, comme quand les animaux rêvent, et il ne voulait plus en sortir, il refusait d'en sortir, il restait là pendant des heures. Mais il ne venait que quand nous commencions la méditation. Il s'installait et il restait là, durant tout le temps de la méditation. Nous, nous avions fini, mais lui, il restait et c'était seulement quand je venais le chercher, l'appelais d'une certaine façon, que je le ramenais dans son corps, qu'alors il consentait à s'en aller. Autrement, n'importe qui venait, l'appelait il ne bougeait pas. Eh bien, ce chat-là avait toujours comme une grande aspiration à devenir un être humain et en fait,

quand il a quitté son corps, il est entré dans un corps humain. Seulement, c'était une toute petite partie de la conscience, n'est-ce pas, de l'être humain (…) C'était un chat qui a sauté beaucoup de générations, pour ainsi dire, de stades psychiques, pour entrer en contact avec un corps humain. C'est un corps humain assez simplet, mais enfin tout de même… Il y a une différence de développement entre un chat et un être humain… Cela arrive… Je crois que ce sont des cas exceptionnels, mais enfin cela arrive. »

Plus loin, dans le livre, elle revient sur ce sujet :

« Je m'occupais des chats pour faire une expérience, une sorte de métempsycose à l'envers, si l'on peut dire, pour voir si cela pouvait être leur dernière incarnation en tant qu'animal, s'ils étaient prêts à entrer dans un corps d'homme, dans une vie prochaine.
L'expérience a pleinement réussi, j'ai trois cas absolument flagrants, il sont sortis avec un être psychique suffisamment conscient pour entrer dans un corps d'homme. »

Ces propos peuvent paraître stupéfiants à un Occidental.

La Mère, elle-même, en était consciente. Dans un extrait de l'*Agenda** elle reconnaît de façon très lucide :
« (...) Ces expériences nous paraissent tout à fait naturelles, évidentes. Pour des gens qui ne savent rien, c'est... C'est de l'imagination dévergondée. Voilà. Transplantez cela en France, en Occident, à moins que l'on ne fréquente des milieux occultes, ils vous regardent avec des yeux... Et quand vous avez le dos tourné, ils disent : "Ces gens-là sont timbrés !"

La Mère ne se faisait donc pas trop d'illusions sur le monde occidental matérialiste, qu'elle avait bien connu.

La Mère, comme Madeleine Chapsal, semble avoir été frappée par l'amour inconditionnel des chattes pour leurs chatons. Cela me rappelle l'histoire de Scarlett, une chatte héroïque. En mars 1996, à Brooklyn, un incendie s'est déclaré dans un garage désaffecté, où une chatte errante s'était réfugiée avec ses petits. Elle est allée chercher ses chatons, dans le brasier, pour les sortir, un par un.

**L'Agenda de la Mère*, éd. Institut de recherches évolutives.

Rendue aveugle par les brûlures, elle s'est assurée que tous ses chatons étaient sains et saufs en les touchant du bout de son nez. Elle est tombée ensuite inconsciente. Elle a été sauvée avec ses chatons et 7000 demandes d'adoption ont afflué à la clinique où elle était soignée. Scarlett a fait l'objet d'un livre *Scarlett Saves her Family*, et un prix a été créé en son nom : le Scarlett Award. Ce prix est décerné à des animaux qui ont accompli des actes héroïques.

LES ANIMAUX DÉCÉDÉS COMMUNIQUENT PAR Tci

À l'ère du portable et de l'ordinateur, on dirait que nos animaux familiers ont trouvé une nouvelle technologie pour se manifester : ils utilisent la Tci (TransCommunication Instrumentale).

Un magnétophone et un simple micro suffisent…

Dans les années soixante, un Suédois, Friedrich Jürgenson, enregistra des cris d'oiseaux, dans les environs de Stockholm. En écoutant l'enregistrement, il fut stupéfait d'entendre des voix et un morceau de musique. Plus tard, il entendit sur la bande la voix de sa mère qui était décédée et qui l'appelait par le diminutif de son nom.

Il recommença plusieurs fois cette expérience, avec un magnétophone à bande et un micro extérieur. Il le laissait tourner en silence dans une pièce, puis il repassait la bande au ralenti. Il se passait alors un phénomène inexplicable : l'enregistrement contenait des voix de personnes décédées, s'exprimant en différentes langues !

Cette technique s'est répandue dans le monde. Beaucoup de gens tentent de communiquer avec les défunts en utilisant ce procédé. En France, un couple s'est impliqué dans la pratique de la Tci : Jacques Blanc-Garin est responsable, avec sa femme, de l'association Infinitude*. Je lui ai demandé de m'expliquer le rôle de son association :

- L'orientation principale est l'aide aux personnes en deuil. Le second aspect est l'étude et la recherche, en matière de Tci internationale.

Nous sommes en relation avec les grands chercheurs internationaux qui nous permettent de voir comment évolue cette recherche à travers le monde.

- Comment définiriez-vous la Tci ?

- La Transcommunication instrumentale repose sur l'utilisation d'appareils électroniques, permettant d'enregistrer des sons sur un support magnétique, magnétophone, essentiellement, dans le but de recueillir des messages des défunts.

- Avez-vous recueilli de nombreux témoignages de gens ayant reçu des messages de proches décédés ?

- Énormément ! À commencer par ma propre expérience.

*www.infinitude.asso.fr

Après avoir contacté Monique Simonet qui est la pionnière de cette technique, en France, j'ai essayé de pratiquer moi-même. En 1990, j'ai obtenu un message de ma première femme qui était décédée en 1988.

- On vous oppose souvent, comme argument, que l'impression de ces bandes serait due à nos pouvoirs parapsychologiques. C'est-à-dire que ce serait notre propre cerveau qui impressionnerait ces bandes magnétiques.

- Oui. C'est un argument qu'on entend souvent ! Il n'est pas impossible que notre cerveau puisse impressionner la matière, mais cela n'est pas à portée du premier venu, cela ne concerne que quelques individus au monde.

- De quelles façons se manifestent les animaux défunts sur les bandes magnétiques ?

- Par des aboiements ou des miaulements. Nous n'avons pas d'expérience pratique pour d'autres espèces.

- Qu'est-ce qui vous prouve, quand les gens viennent vous voir avec ces cassettes, qu'ils n'ont pas enregistré des cris d'animaux vivants ?

- Rien ne le prouve pour les animaux. En revanche, pour les humains, des spécialistes italiens chevronnés ont fait des analyses par ordinateur avec des logiciels très sophistiqués. Ils ont déterminé que les messages des défunts enregistrés en Tci, N'ÉTAIENT PAS DES VOIX HUMAINES.

Une analyse comparative a démontré, également, que le message d'un mort, enregistré en Tci, correspondait, à 99%, à sa voix, lorsqu'il était vivant.

À ce moment, Jacques Blanc-Garin prend beaucoup de précautions oratoires pour m'annoncer :

- Depuis quelques années, des gens du monde entier reçoivent des messages parlés d'animaux domestiques décédés...

- Des messages parlés !

- Oui. Nous avons mis beaucoup de temps à admettre cette idée.

Ça paraît énorme. Ça défie l'entendement ! Il semblerait que les animaux décédés soient capables de nous envoyer des messages télépathiques qui peuvent prendre, par Tci, une forme vocale. Au cours d'une réunion de notre association, nous avons donc tenté une expérience avec notre chat Frimousse qui venait de mourir. Nous avons entendu une phrase « J'étais de passage. »

- De quelle nature était cette voix ? Féminine ? Masculine ?

- Difficile à dire. C'est un chuchotement accentué que j'ai réussi à reprendre sur ordinateur et à améliorer. Impossible de dire si la consonance est masculine ou féminine. Un technicien, qui a enregistré une voix supposée être celle de son perroquet, a fait une analyse spectrale* de cette voix. Il s'avère que les caractéristiques de cette voix vont à l'encontre d'une voix humaine. Il s'agit, là encore, d'un chuchotement prononcé.

- Un prêtre affirme avoir eu des contacts en Tci avec son chien décédé.

- Oui, il s'agit du Père Jean Martin. Dans son livre**, il parle de l'expérience qu'il a réalisée,

*C'est vraiment le cas de le dire !
***Dialogue avec nos animaux décédés*, éd. JMG.

avec son chien Kim, qui s'est manifesté à lui après sa mort. C'est à partir de là que son scepticisme du début s'est transformé en conviction profonde, quant à la possibilité d'une expression verbale, sur bande magnétique, de nos animaux. Nous n'avons pas, nous-mêmes, écouté les bandes, mais nous connaissons ce prêtre depuis 20 ans et nous savons qu'il est digne de foi.

Ces expériences hallucinantes sont réalisées dans le monde entier, par des scientifiques ou des particuliers.
Le lecteur pourra réagir par de l'étonnement ou par un formidable éclat de rire.
Toutefois, pour ceux qui préfère expérimenter avant de critiquer, voici quelques conseils pour réaliser un enregistrement en Tci d'une personne ou d'un animal décédés :

- Prenez un magnétophone à cassette capable de faire une lecture en ralenti.
- Branchez un micro extérieur.
- Recueillez-vous quelques minutes et posez une question au défunt ou à l'animal décédé.
- Appuyez sur la touche « enregistrement » du magnétophone et laissez-le tourner dix minutes dans le silence.
- Écoutez en lecture ralenti (ou au casque) ce que vous avez enregistré.

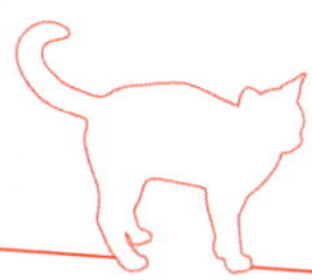

Les spécialistes de la Tci recommandent, pendant l'enregistrement, de faire un bruit de fond en faisant couler de l'eau ou d'ajouter le bruit d'une radio réglée entre deux stations, par exemple : sur l'onde dite de Jürgenson, soit 1480 Hz. Inutile de m'écrire si ça ne marche pas, je ne garantis pas les résultats !

CHAPITRE 4

NOS ANIMAUX FAMILIERS ET L'INVISIBLE

« Ne questionnez point sur son itinéraire
Ce fantôme, de nuit et de clarté vêtu ;
Ne lui demandez pas : Où vas-tu ? D'où viens-tu ? »

Victor Hugo, "La Comète"

Mon enquête m'a menée de l'autre côté du miroir, sur des chemins occultes où se manifestent les animaux de l'invisible. Dans ce chapitre, de ce côté-ci du miroir, ce sont des animaux vivants qui tissent des liens avec l'invisible…

TÉMOIGNAGE DE PHILIPPE RAGUENEAU

Je me rappelle une interview bien étrange que j'ai faite de Philippe Ragueneau. Journaliste, écrivain, il était l'auteur d'une quinzaine d'ouvrages, dont plusieurs sur son célèbre chat Moune, qui avait partagé sa vie durant 22 ans ! À la mort de Moune, il m'avait dit :

- Avec ma femme, nous avons choisi de taire la mort de Moune. Il nous était insupportable d'entendre pleurer au téléphone les premiers lecteurs mis dans la confidence. Lorsque l'on nous demandait des nouvelles, nous disions qu'il était toujours avec nous et, d'une certaine façon, c'était vrai !

Après la mort de Moune, le couple avait adopté Gros-Mimi, un chat errant, et Lulu, un petit félin tout noir qui ressemblait à Moune. Philippe Ragueneau m'avait confié :

- J'adore les chiens, mais depuis que j'ai découvert le chat, il a mes préférences pour sa drôlerie, son mystère et ses capacités intellectuelles. C'est très riche un chat. Il dispose de 69 sons. Ses mouvements de queue et d'oreilles lui permettent également de se faire parfaitement comprendre.

Comme Philippe Ragueneau avait travaillé avec le Général de Gaulle, je lui avais parlé du chartreux du Général, nommé : « Ringo de Balmalon », qu'il surnommait « Gris-Gris ».

Le Général de Gaulle partait pour de grandes promenades, avec son chat sur les talons. Il parlait beaucoup à l'animal. Ce qui faisait dire à André Malraux : « C'est insensé ! Le Général se confie plus à « Gris-Gris » qu'à nous-mêmes ! » Qui se doutait, qu'à cette époque un chartreux, par ses conseils avisés, dirigeait la France ? Philippe Ragueneau m'avait appris qu'il avait très bien connu ce chat. Quand il venait à Colombey-les-deux-églises, « Gris-Gris » s'installait sur ses genoux, au grand étonnement du Général. Ce dernier lui disait : « Vous êtes un des rares à avoir ce privilège ! »

L'épouse de Philippe s'appelait Catherine Anglade. Elle était productrice de l'émission « Sérieux s'abstenir ». Après son décès, Philippe Ragueneau commença à vivre des faits troublants qu'il me raconta :

- Un soir, mon chat, Lulu, poil hérissé, se précipite de la cuisine au salon. Je le suis. Il n'y avait personne. Je vais dans le bureau et là, je sens la présence de Catherine. J'entends "Je suis là !". C'était sa voix, mais je ne l'entendais pas avec mestympans, je l'entendais dans ma tête. Lulu aussi l'entendait ! Cette scène s'est renouvelée souvent : Lulu s'immobilisait, puis courait dans le bureau. Je le suivais et je sentais la présence de ma femme !

Je croyais, bien sûr, à une vie au delà de la mort, mais je restais sceptique de nature et rationaliste. Après ces événements, qui se sont répétés souvent, je suis devenu tout à fait serein. J'ai écrit un livre* relatant cette expérience, pour donner de l'espérance à ceux qui n'en ont plus. Le départ d'un être aimé n'est en rien une rupture, simplement un changement d'état...

* *L'Autre côté de la vie*, éd. du Rocher

Plusieurs années après la parution de son livre, j'ai rencontré à nouveau Philippe Ragueneau. Je lui ai demandé si lui-même et son chat percevaient toujours la présence de Catherine. Il m'avait répondu :

- Non, il ne sent plus sa présence. Elle est montée vers la lumière...

Ce jour-là, il m'avait appris qu'il avait fait la connaissance d'une femme dont il était tombé amoureux. J'ai repensé alors à une jolie phrase qu'il avait écrite dans un de ses livres :

« Catherine pensait que Moune nous avait envoyé ces deux chats (Gros Mimi et Lulu) pour nous apprendre que le verbe aimer se conjugue à tous les temps et pour nous rappeler, qu'au-delà des amours foudroyées, d'autres amours toutes neuves nous attendent...* »

Le témoignage de Philippe Ragueneau me semble crédible du fait de sa personnalité. Après avoir été Compagnon de la Libération et collaborateur du Général de Gaulle, il a créé la 2e chaîne (ORTF), dont il a été le président fondateur (1963-1964). On ne peut pas accuser cet homme-là d'être un doux rêveur ! Ce qui est intéressant

***Un Amour de chats*, éd. Jacques Grancher.

dans son témoignage, c'est que la présence de Catherine était perçue par lui et son chat en même temps.

TÉMOIGNAGE D'ERNEST BOZZANO

Dans la classification de phénomènes paranormaux, opérée par le chercheur Ernest Bozzano, il y a beaucoup d'exemples d'humains et d'animaux percevant simultanément la présence de défunts. Après avoir soigneusement éliminé les cas qui pourraient relever de l'hallucination, il donne des témoignages assez stupéfiants, comme celui de M.-G. Llewellyn, un écrivain anglais* :

« Une nuit, que je n'oublierai jamais, j'étais dans mon état ordinaire de santé, très tranquille. J'étais couché depuis peu et je me trouvais dans ce doux état d'esprit qui constitue le demi-sommeil. La chambre restait plongée dans la plus complète obscurité, puisque j'avais éteint la lumière électrique et tiré en outre les rideaux amples et épais qui couvraient les deux grandes fenêtres. Mon petit chat, qui dormait toujours sur mon lit, s'y trouvait comme d'habitude, et reposait paisiblement. Pendant que je

**Les Manifestations métapsychiques des animaux*, éd. JMG.

me tenais ainsi, les yeux à demi-clos, j'aperçus, apparaissant soudain, en haut de la paroi, à droite (le côté où j'étais tourné), un long trait de lumière, d'un bleu clair. Il se mouvait dans la direction de la fenêtre de droite, et je le regardais d'un œil fasciné. "Que c'est étrange !", pensai-je. Je n'ai jamais vu le clair de la lune entrer de cette façon quand ces rideaux sont fermés, et puis c'est un bleu qui n'est pas celui du clair de lune – il se meut d'une façon bizarre !... "Qu'est-ce que cela peut bien être ? (...) La lumière, d'un bleu que je n'avais jamais observé auparavant et que je n'ai plus revu depuis, continuait à errer dans la chambre, toujours du même côté, près du plafond, et je regardais stupidement le haut de la porte, sur laquelle pendait une lourde portière rouge, comme si la lumière avait pu traverser une muraille ! Enfin je sautai du lit, j'ouvris les rideaux et les volets et je regardai par la fenêtre. Mon regard étonné ne rencontra qu'une obscurité impénétrable. Pas de lune, pas une étoile, pas la moindre clarté ! Je ne pouvais voir ni la route, ni la rangée d'arbres qui s'y trouvait. Les lanternes des rues sont éteintes de bonne heure

dans la localité que j'habite, et les ténèbres étaient absolues. "Pouvait-ce être quelqu'un avec une lanterne ou un projecteur ?" me demandai-je, encore étonné, en revenant à mon lit.
Je n'étais pas de tout apeuré et l'idée ne m'était pas venue qu'il pût y avoir en tout cela quelque chose de surnaturel.

Pendant que je me torturais ainsi la cervelle, le chat sauta tout à coup en bas du lit, le poil tout hérissé, les yeux étincelants, et, d'un bond, il fut à la porte, où il commença à griffer rageusement la portière, tout en émettant les cris les plus épouvantables que j'eusse jamais entendus chez un animal. J'étais bien un peu effrayé. Toutefois, même alors, je ne songeai à rien de surnaturel, je pensai seulement que le chat était devenu fou, tout à coup. Ce nouvel événement m'avait fait complètement oublier la lumière bleue. Je souffrais tellement en voyant la terreur de la pauvre bête que je la pris dans mes bras et je tâchai de la calmer. Tout tremblant, mon petit chat se serrait contre moi en cachant sa tête et il semblait être en proie à la terreur la plus intense. Je le caressai et le cajolai et il se calma un peu, petit à petit ; mais

à mon grand étonnement, il se tenait d'un côté du lit, en regardant avec terreur, les yeux flamboyants, le poil de nouveau hérissé. Je ne voyais rien, pourtant je suis absolument convaincu que le chat apercevait quelque chose, rien ne pourrait ébranler ma conviction.
Se sentant en sûreté dans mes bras, maintenant que le choc de l'horrible spectacle – quel qu'il fût – était passé, le pauvre chat allongeait le cou et regardait en bas vers le tapis, en suivant les mouvements de l'ennemi, comme si celui-ci, invisible pour moi, allait et venait le long du lit, en tournant devant la toilette. La "chose", quelle qu'elle fût, était sur le parquet et ne faisait aucune tentative pour monter sur le lit. Si "cela" s'était approché de nous, je suis sûr que mon chat serait mort de peur sur le coup. Je regardai à mon tour dans la direction du regard du chat, mais je ne voyais rien que le tapis !
Sans doute, je ne dois pas oublier que j'ai vu la lumière bleue, alors que le chat dormait. On pourrait supposer que ma peur de la lumière a été communiquée au chat ; mais je n'avais aucune peur, je trouvai même qu'il s'agissait d'une chose naturelle… En tout cas,

ce que mon chat a vu devait être un objet bien horrible, car c'est le plus tranquille, le plus gentil petit animal que j'aie jamais connu. Pendant assez longtemps, nous crûmes même qu'il était muet, puisqu'on n'entendait jamais sa voix... »

Ernest Bozzano explique que le chat et son maître perçoivent le phénomène paranormal d'une façon différente :

« Une même manifestation supranormale peut ne pas affecter sous la forme visuelle la mentalité d'une personne, mais lui être partiellement transmissible sous une forme auditive, tactile, olfactive, émotionnelle. (...) Je me rappelle qu'au cours des séances avec William Stainton Moses, il arrivait fréquemment qu'à l'endroit où le médium apercevait une entité spirituelle, les témoins voyaient une colonne lumineuse et parfois une simple bande lumineuse errant sur la paroi, assez souvent colorée en bleu, comme dans l'exemple que nous venons de citer. Celui-ci peut donc parfaitement être expliqué de la même façon, en supposant que l'animal ait aperçu un fantôme là où son maître n'apercevait qu'une bande errante bleuâtre. »

Il y aussi des exemples où l'animal est le seul à percevoir l'invisible. Dans le film *Ghost* du réalisateur Jerry Zucker avec Demi Moore et Patrick Swayze, ce dernier décède au cours d'une agression. Devenu un fantôme que sa femme ne voit pas, il est perçu par une voyante qui l'entend parler et par son chat qui ne le reconnaît pas et se met à cracher en sa présence. Ce cliché, rencontré souvent au cinéma, est basé sur une réalité, comme on le verra dans les pages suivantes.

Il y a plusieurs années, la Maison de la Chimie proposait une série de conférences sur le corps énergétique, reconnu par les médecines chinoises et indiennes traditionnelles. Quel ne fut pas mon étonnement d'apprendre que la plupart des conférenciers étaient des ingénieurs occidentaux ! Il est vrai que c'est un ingénieur, Semyon Kirlian, qui a découvert le procédé photographique que l'on a appelé « effet Kirlian ».

Il permet de visualiser un halo lumineux ressemblant à une aura de couleurs variées, autour d'objets ou d'êtres vivants.
Pour Kirlian et ses successeurs, la photographie Kirlian, ou photographie à haute fréquence, serait une manifestation de l'aura humaine. Elle permettrait de connaître les pensées et émotions d'un individu, ainsi que son état de santé.
Mon maître de Qi gong, lui, ne parlait jamais d'aura, ni de corps énergétique. Pourtant, nous étions persuadés qu'il le percevait. À part lui, je n'ai jamais vu un être humain en regarder un autre comme il le faisait. Lorsque nous détaillons quelqu'un, nous avons un regard vertical. Il suffit de voir un homme amoureux. Son regard s'allume et parcourt le corps de la femme désirée, rapidement de haut en bas. Le maître nous regardait latéralement. C'est-à-dire qu'il ne regardait jamais notre corps, mais de part et d'autre de celui-ci. Il m'a fallu batailler pour obtenir des explications, car comme beaucoup de maîtres chinois, il estimait que pratiquer était la meilleure solution pour comprendre.
Pour lui, l'existence du corps énergétique était une évidence.

Les membres fantômes des gens amputés qui continuent de les faire souffrir en sont un bon exemple. Il m'avait expliqué que le corps énergétique pouvait subsister après la mort, à la suite d'une violente émotion, par exemple, mais qu'il s'estompait au fil du temps. C'est la raison pour laquelle certaines « apparitions » ou « fantômes » diminuent peu à peu d'intensité. Pour lui, cela ne constituait pas une preuve de survie. Le corps énergétique subsistait comme une odeur corporelle subsiste dans un endroit, bien que la personne soit partie…

Cependant, ce point de vue me semble un peu réducteur.
Il semble bien, d'après les témoignages recueillis, qu'un animal peut percevoir des choses invisibles qui ont une « vie »propre, si je peux dire.
Cet animal, doux et tranquille, peut alors, à la grande stupéfaction de son maître, se transformer en une bête terrorisée ou agressive.

TÉMOIGNAGE PERSONNEL

C'est l'expérience que j'ai vécue avec ma mère, une nuit de cauchemar, au 212 de la Route Nationale, à Mers les Bains.
Une maison de briques rouges se tenait à ce numéro.
Caché par cette maison et perpendiculaire à elle, se dressait un ancien couvent de nonnes qu'on appelait « l'Abri Notre-Dame. » Ce couvent et son terrain appartenaient à la verrerie Desjonqueres.
La verrerie avait loué ce bâtiment à mon oncle et à ma tante pour y loger ses ouvriers.
La Mairie y avait installé une bibliothèque.
Durant les vacances, mon oncle et ma tante partaient en Espagne et ma mère et moi prenions leur place. C'est-à-dire, que nous passions nos vacances à Mers, dans le

couvent, déserté par les employés de la verrerie. C'était une joie pour la petite Parisienne que j'étais de m'occuper des animaux de ma tante et des deux chiennes Jenny et Ketty. Jenny était douce, c'était un berger allemand ; Ketty, plus brutale, était ce que l'on appelait à l'époque un « chien-loup ». Nous les retrouvions chaque été. L'ancien dortoir des religieuses se trouvait au premier étage, mais nous vivions au rez-de-chaussée. Il comportait nos chambres, une grande cuisine et l'ancien réfectoire des nonnes. Ce dernier conservait encore les bancs et la table de bois où elles mangeaient. Un grand crucifix était pendu au mur. Les fenêtres étaient closes par des volets et la porte extérieure fermée à double tour. Ce réfectoire était donc FERMÉ DE TOUTE PART. J'insiste bien sur ce point. Une porte de communication séparait le réfectoire de notre cuisine, mais elle restait fermée, elle aussi, parce que personne n'allait jamais dans cette salle.

La nuit, nous gardions Jenny avec nous et Ketty restait dans sa niche, dehors, dans la cour. Un soir, vers 10 heures, Jenny se jeta en aboyant violemment contre la porte de communication du réfectoire ! De véritables aboiements de colère. Je ne l'avais jamais vue dans cet état. Au moment exact où Jenny aboyait vers la porte intérieure, nous avons entendu Ketty, dans la cour, se mettre à aboyer elle aussi contre la porte extérieure du même réfectoire. Il y avait donc quelque chose à l'intérieur de cette salle fermée que percevaient les deux chiennes en même temps ! Intriguée, pas encore alarmée, ma mère ouvrit la porte de la cuisine qui donnait sur la cour. Jenny sortit de la cuisine comme une flèche. En gémissant, elle se mit à longer, *lentement*, le mur extérieur du réfectoire, comme si elle suivait quelque chose qui se déplaçait *lentement*, à l'intérieur.

Au moment où j'écris ces mots, le souvenir de la scène suivante me donne encore la chair de poule. La cour était sombre, elle n'était éclairée que par la lumière de la cuisine dont la porte était ouverte. Dans cette demi-obscurité, j'ai vu l'autre chienne, Ketty, près de la porte extérieure du réfectoire, plaquée au sol par l'épouvante. Les frissons couraient en vagues sur son dos. Elle n'aboyait plus. Elle gémissait. Du haut de mes 8 ans, je me suis posé une question d'adulte : « Ketty n'a peur de rien, pas plus des gens que des bêtes. QU'EST-CE QU'IL Y A LÀ DEDANS QUI LUI FAIT PEUR ?! »

Puis, d'un seul coup, les chiennes se sont calmées. Pas nous. Les clefs des portes du réfectoire étaient dans le tiroir de la cuisine. Il aurait fallu nous payer cher pour qu'on les ouvre cette nuit-là ! Nous avons mal dormi, par intermittence. Le jour venu, ma mère a appelé des voisins. Ils ont ouvert les portes du réfectoire, poussé les volets de cette salle obscure. Il n'y avait RIEN, qu'un peu de poussière… Les bancs, les tables, le crucifix, tout était en ordre. Un voisin a dit à ma mère : « Ce devait être un rat ! » Un rat… Ketty passait son temps dans les champs, à courser les rats et les lapins (et même parfois le facteur). Elle n'avait jamais manifesté la moindre peur. Qu'est-ce qui s'est passé cette nuit-là, pour que deux chiennes calmes et tranquilles deviennent hystériques ?

Le phénomène le plus curieux de cette histoire, c'est que les chiennes se sont jetées en même temps sur les deux portes du réfectoire.

L'une, sur la porte intérieure et l'autre, sur la porte extérieure ! Au même moment, elles ont été alertées par la même chose, alors que ma mère et moi n'entendions rien...

Un autre phénomène est curieux, mais celui-là est physiologique. J'ai raconté tellement souvent cette histoire, au cours des décennies passées, que ma peur d'enfant s'est émoussée depuis longtemps. Cependant, il me suffit de repenser à Ketty, clouée au sol par la peur, pour sentir les poils de mes avant-bras se dresser. Je ne suis pas la seule. Je n'ai qu'à dire à ma mère : « tu te rappelles, les chiennes, à Mers ? » pour qu'elle me montre ses bras couverts de chair de poule. La peur que nous avons éprouvée, cette nuit-là, s'est émoussée dans nos mémoires, mais pas dans nos corps, qui en garderont toujours un souvenir horrifié.

30 ans après, je suis retournée à Mers-les-Bains, avec un ami. La rue avait changé de nom, mais la maison en briques rouges était toujours là.
Je suis allée sur le côté du bâtiment pour lui montrer le couvent et là, j'ai eu un choc. Tout était rasé ! Il ne restait plus rien, que des champs. Tout s'était envolé, le couvent avait disparu, avec lui les souvenirs de ma famille et peut-être, je dis bien « peut-être », les fantômes qui l'habitaient…

TÉMOIGNAGE DE ROBERT MORRIS

Robert Morris a occupé la chaire de parapsychologie Koestler de l'université d'Edimbourg, en 1985. Il a contribué au développement de la parapsychologie scientifique dans les universités britanniques. Il s'est penché sur le phénomène des chats qui crachent et des chiens qui grondent, sans raison apparente. Il s'est livré à une expérience. Il a emmené des animaux dans la pièce d'une maison du Kentucky, où un crime avait été commis.
Chaque animal était venu avec son maître. Le chien refusa de

franchir le seuil de la pièce, gronda et fit une tentative pour s'enfuir. Le chat, qui était dans les bras de son maître, sauta sur son épaule en crachant en direction d'une chaise. On avait également amené un serpent, qui se mit en position d'attaque, devant cette même chaise. Il n'y a que le rat qui ne manifesta aucune réaction. Emmenés dans d'autres pièces de la maison, les animaux ne manifestèrent aucune émotion particulière…

TÉMOIGNAGE DE COLETTE

Colette aussi, avait remarqué que les animaux s'effrayent de choses qui restent invisibles à nos yeux. Dans un de ses livres*, elle parle d'une petite chienne :

« J'ai possédé, un an environ, une petite chienne, Belou, qui avait peur. (…) Au cours d'une promenade, il lui arrivait de s'aplatir brusquement. Toutes les pattes écartées, tremblante, elle semblait subir un passage effrayant, le contact direct de l'invisible. Au bout d'une minute, elle se relevait, se secouait dans sa peau, et repartait non sans regarder avec inquiétude, derrière elle. (…)

Avant Belou, combien de chiennes m'ont prouvé qu'elles percevaient devant moi des

* *En pays connu*, éd. Hachette.

sons, des présences qui restent inaccessibles aux sens humains ? Une grande bas-rouge, douée d'autant de perfections qu'il en fallait pour m'humilier à toute heure, recevait les appels d'un monde où j'eusse voulu, sous sa garde, pénétrer. Sourires sans objet, faibles battements de la queue, félicité contenue, elle dédiait le plus subtil d'elle-même à des visiteurs – plutôt à un visiteur, que je n'ai jamais vu. La première inquiétude passée, je m'y habituais, ou mieux je reconnus les droits de l'hôte. S'il eût été maléfique, la chienne me l'aurait dit. »

Plus loin, Colette parle de « l'épouvante » des chiens, cela me rappelle la scène vécue avec Jenny et Ketty : « Plusieurs chiens s'épouvantent à la fois, se comportent identiquement comme des bêtes menacées, poursuivies. Qui donc prend la place des doux fantômes dont les mains transparentes flattent, à notre insu, l'échine canine ? J'aimerais consulter un chien qui *reconduisait*, jusqu'aux limites d'une propriété, un hôte préservé de note vue grossière et que le soir bannissait. Mais le chien est mort. »

Colette n'hésite pas à écrire qu'elle connaissait un chien qui avait coutume de raccompagner un visiteur invisible ! Mais les chats ne sont pas en reste, comme elle l'explique : « D'autre sorte sont les visions des chats. Requis brusquement, ils interrompent une toilette minutieuse et suivent *quelque chose* dans l'air, à côté de nous, ou au-dessus de nos têtes. Qu'on ne vienne pas me dire : "Ils ne voient pas, ils écoutent." Entendre et voir se traduisent par des expressions très différentes sur la physionomie du chat. Les oreilles fixes, d'un beau regard étonné, mais libre de tout

hypnose, ma chatte repère ce qui sans doute vient de lui apparaître.
D'après son regard, je juge si l'apparition est immobile ou chemine lentement. Puis le prodige s'éteint, ou s'en va, et la chatte retourne aux soins raffinés qu'elle prend de son pelage. Un passant a traversé la chambre, voilà tout.
À coup sûr un passant moins suspect et plus bienveillant que le passant humain dont l'ombre barre ma vitre… »
J'ai, moi aussi, constaté que mes chats avaient l'air de regarder des choses invisibles pour moi. Le chat manifeste son attention en pointant ses oreilles ou en agitant sa queue.
Cependant, il y a un indice qui ne trompe pas, dont ne parle pas Colette, mais que tout maître de chat peut vérifier : les pupilles du chat. Le test est facile à faire : lorsque l'animal est au repos et tranquille, la pupille est un trait fin et vertical. Si l'on fait courir rapidement un objet devant lui, ses pupilles vont s'élargir.
Les pupilles élargies marquent l'attention ou la colère chez un chat.

Rubens, mon chat persan, a l'habitude de regarder des choses invisibles qu'il suit dans l'espace. Je ne vais pas tomber dans la facilité en disant qu'il le fait depuis la mort de Fripon. Il le faisait, même lorsque Fripon était en vie. J'ai tenté de voir s'il n'apercevait pas des moucherons qui échapperaient à ma vue, mais je n'ai jamais rien trouvé.

Le soir, tard, je lis dans le silence de ma chambre.

Soudain, alertée par je ne sais quel instinct, je lève la tête.

Rubens est en train de fixer le mur d'en face. Lentement, dans ses yeux écarquillés, ses prunelles sombres s'élargissent démesurément.

Elles s'élargissent de la même façon qu'elles le font quand il suit des yeux une voiture, ou un passant dans la rue. J'en conclus, logiquement, qu'il voit quelque chose sur un mur où IL N'Y A RIEN ! J'avoue que ces soirs-là, il me fiche la frousse !

Certaines mères m'ont dit que leur bébé suivait des yeux des choses invisibles pour elles. Il réagit en agitant ses bras et ses jambes, il sourit. Il existe d'ailleurs une expression qui dit que « les bébés rient aux anges ». Notre éducation rationaliste nous aurait-elle appris à ne voir que certaines choses et à occulter le reste ? Seuls les bébés et nos animaux familiers semblent être en contact avec un monde invisible qui nous échappe…

LEURS YEUX LIMPIDES SUIVENT DANS L'AIR DES CHOSES INVISIBLES QUI NOUS ÉCHAPPENT...

CHAPITRE 5

QUE FAUT-IL EN PENSER ?

« Cette nuit, j'ai rêvé que j'étais un papillon, qu'est-ce qui prouve que je ne suis pas un papillon qui rêve qu'il est un homme ? »

Tchouang-Tseu

À l'issue de cette enquête, je me suis pris la tête dans les mains. Que fallait-il penser de tous ces témoignages troublants ? J'ai tenté de les analyser :

- Les fiches d'Ernest Bozzano :

POUR : J'ai donné quelques exemples, dans ce livre, des témoignages recueillis par ce chercheur. Ce sont des notables de l'époque, des écrivains, des médecins, qui ont envoyé ce qu'ils avaient vécu. Les récits, cohérents dans leur structure, semblent émaner de gens dignes de foi.

CONTRE : Je crois tout à fait à la véracité de ces récits. Cependant, ils ont tous le même style : langage châtié, passé simple et subjonctif imparfait. Cela leur fait perdre un peu de leur crédibilité, car on pourrait penser que c'est la même personne qui s'exprime à chaque fois ! En fait, je pense que lorsque ces témoignages ont été recueillis, ils ont tous été retranscris et parfois traduits dans une langue académique.

- La Tci

POUR : Ce que je trouve intéressant dans cette pratique, c'est que les « voix » enregistrées ne

sembleraient pas, après analyse, avoir une origine humaine. Elles n'émaneraient pas, de ce fait, d'émissions de radio ou de télévision, captées au hasard, sur les bandes magnétiques.
CONTRE : Les chuchotements accentués que constituent ces voix sont souvent inaudibles, ce qui fait que les gens interprètent ce qu'ils veulent bien entendre. En ce qui concerne les messages supposés être de l'au-delà, ils me paraissent, pour la plupart, d'une pauvreté affligeante. Les défunts assurent leurs proches de leur amour et déclarent qu'ils sont heureux où ils sont. Cela s'arrête là. C'est peut-être réconfortant pour une personne qui vient de perdre quelqu'un ; pour les autres, c'est un peu décevant.

- LES N.D.E.

Je crois que c'est ce qui m'a le plus convaincue. Des gens, de tout âge, de toute condition, de toute race, de toute religion, vivent pratiquement la même expérience, après être déclarés morts ! Il est facile de vérifier scientifiquement, d'une part, qu'ils sont bien morts (des appareils le prouvent) et, d'autre part, qu'il s'est bien passé ce qu'ils racontent, dans la pièce à côté (alors qu'ils sont

immobilisés sur leur lit !).
Je me suis d'abord étonnée de ne trouver dans les N.D.E. qu'un nombre restreint d'animaux.
Dans un livre* écrit sur ce sujet par l'association IANDS-France, qui est un gros pavé de 500 pages, je n'ai trouvé qu'un exemple. Une petite fille de 10 ans, Emmanuelle, a vécu une N.D.E. Elle en a écrit le récit, en disant qu'elle n'a plus peur de mourir parce qu'elle sait qu'elle retrouvera « son lapin, sa mamie et tous ceux qui ont disparu. »

*_La Mort transfigurée_, éd. L'Age du verseau.

Je constate que les animaux défunts figurent plus dans les N.D.E. vécues par des enfants que par des adultes. Cela peut venir de la façon dont on interroge ces derniers. Les points forts d'une N.D.E. sont l'apparition de la lumière et les proches décédés que l'on retrouve. Les questions portent plus facilement sur ces thèmes. Un enfant qui a vécu une N.D.E. parlera plus spontanément d'un animal familier qu'un adulte, dont les valeurs prioritaires ne sont pas les mêmes. J'en veux pour preuve le témoignage écrit d'Emmanuelle. Quand elle énumère les êtres qu'elle est sûre de revoir après sa mort, elle met son lapin avant sa mamie ou ses proches.

Ce qui est intéressant dans ces N.D.E., c'est qu'un certain nombre de physiciens, et pas des moindres, les cautionnent. Régis Dutheil, agrégé de physique et professeur de physique à la faculté de médecine de Poitiers, publie, dans son livre*, écrit avec sa fille, ses travaux qui corroborent le témoignage de ceux qui ont vécu une N.D.E. Grâce aux accélérateurs, les physiciens arrivent à propulser des particules à une vitesse proche

**L'Homme superlumineux*, éd. Sand, 1990.

de celle de la lumière. À ces vitesses, les lois qui régissent notre univers n'ont plus cours. Selon les auteurs, il existerait un autre univers, où la vitesse est plus rapide que celle de la lumière et où la notion du temps n'existe plus. À notre mort, nous irions rejoindre cet univers superlumineux constitué de tachyons (particules plus rapides que la lumière).

En fait, et pour être plus précise, il y aurait, selon les auteurs, trois mondes :

- Un monde "souslumineux" notre monde ordinaire, constitué de particules élémentaires appelées « bradyons, » dont la vitesse est inférieure à celle de la lumière.

- Un monde "lumineux" dont les particules, les luxons, sont dotées d'une vitesse égale à celle de la lumière.

- Un monde "superlumineux" dépassant la vitesse de la lumière, l'univers superlumineux des tachyons. C'est dans ce monde que la notion de temps serait abolie.

Il existerait un mur de lumière, séparant l'univers sous-lumineux (notre monde) et l'univers superlumineux. Au moment de notre mort, nous traverserions ce mur de lumière pour rejoindre l'univers superlumineux des tachyons. Les phénomènes décrits dans les N.D.E. semblent concorder avec cette théorie. La traversée du tunnel correspondrait au passage de ce mur de lumière, avant d'atteindre cet univers superlumineux.

Après avoir recueilli tous ces témoignages, je suis réellement convaincue que nous survivrons tous, dans cet univers parallèle et lumineux. Je suis persuadée que je reverrai mes proches décédés et… Fripon.

Peut-être pas exactement sous l'apparence où je l'ai connu, peut-être sous une forme plus subtile, mais je reverrai mon chat.

CONCLUSION

« On ne se sauve pas seul : l'homme ne mérite son salut que par le salut de tous. L'animal a aussi son droit devant Dieu. »

Michelet

Les dix dernières années de sa vie, Fripon a eu un petit copain : Rubens. C'était un persan que j'avais trouvé chez une éleveuse, en faisant un reportage pour le magazine *30 Millions d'Amis*.

Dans les portées de chatons, il y en a toujours un plus éveillé que les autres. Celui-là sort de son panier, le premier, pour aller explorer le monde. Chez cette éleveuse, j'avais remarqué un petit persan qui était magnifique. Dans son poil neigeux, ses yeux d'émeraude étincelaient comme deux pierres précieuses. Il a été le premier à descendre l'escalier intérieur avant ses frères et sœurs ; le premier à venir nous voir, lorsque je parlais avec l'éleveuse. Je n'ai pas résisté, je l'ai acheté.

Je l'ai appelé Rubens parce que c'était le fils d'un couple de chats-peintres. L'éleveuse avait dressé ses chats à sauter sur une toile avec, aux pattes, de la peinture inoffensive. Les tableaux, ainsi obtenus, formaient des fleurs multicolores, en forme de pattes de chat ! Lorsque Rubens a eu quatre mois, je me suis aperçue qu'il ne sautait pas sur les chaises comme les autres chats. Il ne se reposait pas sur sa patte gauche. Quelque chose n'allait pas... Après avoir pris une radio, un vétérinaire m'annonça qu'il avait une scoliose « monstrueuse » et qu'il fallait l'euthanasier. Le volume de ses poils masquait la colonne déviée. Euthanasier ce chaton qui était plein de vie ? Quel crève-cœur !

Je demandai son avis au vétérinaire Philippe de Wailly qui me dissuada de le faire en me disant : « Il peut très bien vivre tordu ! » Ce qu'il a fait...

Avec son poil argenté et ses yeux verts, cerclés de noir, le persan chinchilla est très recherché par les émirs du monde arabe ; c'est aussi le chat de race préféré des Français. C'est l'aristocrate des chats. Les publicitaires ne s'y sont pas trompés. Lorsqu'ils veulent donner une image luxueuse d'un produit, canapé ou pâtée pour chats, ils choisissent toujours un persan chinchilla. Lorsqu'ils le font parler, ils lui prêtent une petite voix douce et racée.

Le caractère placide du persan lui a valu le surnom de

« chat canapé ». Cette expression péjorative est bien injuste. L'éleveuse qui m'a vendu Rubens m'avait dit, indignée : « Ce n'est pas parce que le persan est doux et tranquille, qu'il est stupide ! Il joue et il fait des bêtises comme les autres chats. » Elle avait ajouté : « Il les fait un peu plus lentement, c'est tout !» Cette précision m'a fait rire.

C'est vrai qu'il est doux mon petit Rubens. Je me souviens d'un jour où un oiseau, un jeune, s'était égaré sur mon balcon. Il voletait et n'arrivait pas à repartir. Les yeux lumineux de Rubens se sont arrondis de surprise. Il s'est assis pour mieux contempler l'oiseau. Un chat de gouttière aurait bondi...

Lorsque je regarde son petit nez rose et sa robe ébouriffée d'argent, je pense à ces vers de Baudelaire* :

« (...) Chat séraphique, chat étrange,
En qui tout est, comme en un ange,
Aussi subtil qu'harmonieux !

(...) Quand mes yeux, vers ce chat que j'aime
Tirés comme par un aimant,

Se retournent docilement
Et que je regarde en moi-même,

Je vois avec étonnement
Le feu de ses prunelles pâles,
Clairs fanaux vivantes opales,
Qui me contemplent fixement. »

Un persan ne vit pas aussi longtemps qu'un chat de gouttière. Rubens n'atteindra pas l'âge de Fripon. Il a dix ans. C'est déjà vieux, pour un persan. Rubens commence à regarder du côté du miroir. Quand je le vois, j'ai envie de dire - comme la Comtesse du Barry, sur l'échafaud : « Encore un moment, Monsieur le bourreau ! » : « Laissez-le vivre encore un peu ! »

Au terme de ce livre, je me sens pourtant l'âme en paix. Nous continuons de survivre quelque part, dans une autre dimension, où le temps n'existe pas. Pour ma part, je suis persuadée que c'est un animal qui m'attendra au bout du tunnel. Une cavale lumineuse dont l'ombre puissante et douce se courbera vers moi pour me dire : « Qu'as-tu fait de ta vie ? »

*« Le chat » (*Les Fleurs du Mal*)

NE REGARDE PAS DU CÔTÉ DU MIROIR, RESTE ENCORE UN PEU AVEC MOI !

REMERCIEMENTS

Comme tout journaliste, j'entends souvent : « Vous êtes sur quoi, en ce moment ? » Travaillant sur ce livre, je répondais : « Je cherche des preuves de la survie des animaux. » Certains m'ont contemplé en silence, l'air de se dire : « Elle avait pourtant l'air normal ! » J'ai même une vieille tante qui a grommelé : « Qu'est-ce que c'est que cette connerie ?! » Mais je veux remercier tous les autres, tous ceux qui m'ont encouragée, ceux qui ont mis des documents dans ma boîte aux lettres, ou m'ont signalé des articles intéressants.

MERCI !

- à toutes les personnes qui ont pris la peine de m'apporter leur témoignage sur la mort de leur animal, alors que c'était pour elles un très mauvais souvenir.

- à ma mère et à mon cousin Daniel, pour leurs conseils et leurs encouragements.
- à Loïc, le seul homme que j'aie connu qui envoyait des cartes postales à Fripon !
- à Nicole, qui m'a soutenue et qui n'a pas été choquée que je pleure un chat, alors qu'elle a perdu une fille.
- à Claudia Trédaniel de m'avoir fait confiance.

CRÉDITS PHOTO

BIBLIOGRAPHIE

AÏACHE V., *La Ronronthérapie*, éd. Le Courrier du Livre, 2009.

ALLAIS A., *À se tordre,* éd. Flammarion, 1891.

BAUDELAIRE C., *Les Fleurs du mal*, éd. Le Livre de poche, 1962.

BERDIAEV N., *Essai d'autobiographie spirituelle*, éd. Buchet/Chastel, 1979.

BOZZANO E., *Les Phénomènes de hantise*, éd. Exergue.

Les Manifestations métapsychiques des animaux, JMG éd., 1998.

CHAPSAL M., *La Maison de jade*, éd. Grasset, 1986.

CHAPSAL M., *Ce que m'a appris Françoise Dolto,* éd. Fayard, 1994.

CHARBONIER J.J., *Les Preuves scientifiques d'une vie après la vie*, éd. Exergue, 2008. *La Médecine et l'au-delà*, éd. Exergue (à paraître en en octobre 2010).

COLETTE, *La Maison de Claudine, Paradis terrestres, Bêtes, L'Étoile Vesper, De ma fenêtre, En pays connu,* éd. Hachette.

DE BEAUVOIR S., *La Force des choses*, éd Gallimard, 1963.

DE WAILLY Ph., *le 6e sens des animaux,* éd. du Rocher, 2001.

DUTHEIL R. et DUTHEIL B., *L'Homme superlumineux,* éd. Sand, 1990.

FREUD S., *Au-delà du principe de plaisir*, 1920.

HUTIN J.P., *Mabrouk, chien d'une vie*, éd. Robert Laffont, 1984.

IANDS-France, *La Mort transfigurée*, éd. L'Age du verseau.

MARTIN J., *Dialogue avec nos animaux décédés.*, éd. JMG.

MONNIER P. *Lettres de Pierre*, éd. F.Sorlot-Lanore, 1982.

MOODY R., *La Vie après la vie*, éd. Robert Laffont, 1977.

MORSE M., *Le Contact divin*, éd. Le Jardin des livres.

RAGUENEAU P., *L'autre côté de la vie*, éd. du Rocher, 1995.

RAGUENEAU P., *Un Amour de chats*, éd. Jacques Grancher, 1991.

WERBER B., *Les Thanatonautes*, éd. Albin Michel, 1994.

Livres concernant la Mère : *La Mère raconte*, éd. Sri Aurobindo, 1994.

L'Agenda de la Mère, éd. Institut de recherches évolutives, 1978.

Dépôt légal : juin 2010
IMPRIMÉ EN FRANCE

Achevé d'imprimer le 16 juin 2010
sur les presses de l'imprimerie « La Source d'Or »
63039 Clermont-Ferrand
Imprimeur n° 14823